Von der Eskalation zur Kooperation:

Konfrontatives Konfliktmanagement leicht gemacht

Impressum

Bibliografische Information der Deutschen Nationalbibliothek: Die Deutsche Nationalbibliothek verzeichnet diese Publikation in der Deutschen Nationalbibliografie; detaillierte bibliografische Daten sind im Internet über dnb.dnb.de abrufbar.

Die automatisierte Analyse des Werkes, um daraus Informationen insbesondere über Muster, Trends und Korrelationen gemäß §44b UrhG („Text und Data Mining") zu gewinnen, ist untersagt.

© 2025 Nils Weyand

Verlag: BoD · Books on Demand GmbH, In de Tarpen 42, 22848 Norderstedt, bod@bod.de

Druck: Libri Plureos GmbH, Friedensallee 273, 22763 Hamburg

ISBN: 978-3-7693-5269-6

Inhaltsverzeichnis

Einleitung

Konflikte sind ein unvermeidlicher Bestandteil menschlicher Interaktionen, sei es im persönlichen, beruflichen oder gesellschaftlichen Kontext. Sie entstehen, wenn unterschiedliche Bedürfnisse, Werte, Meinungen oder Interessen aufeinandertreffen und können sowohl positive als auch negative Auswirkungen auf die beteiligten Personen und Gruppen haben. Konflikte können in einem breiten Spektrum auftreten, von kleinen Missverständnissen zwischen Kollegen, bis hin zu tiefgreifenden Auseinandersetzungen in Familien oder zwischen Nationen. Eine klare Definition von Konflikten umfasst die Vorstellung, dass es sich um eine Situation handelt, in der mindestens zwei Parteien miteinander in Widerspruch stehen, weil ihre Ziele oder Bedürfnisse unvereinbar sind. Diese Unvereinbarkeit kann zu Spannungen und Konfliktsituationen führen, die, wenn sie nicht angemessen behandelt werden, in Eskalation und Zerstörung münden können.

In Anbetracht der weitreichenden Auswirkungen von Konflikten wird das Konfliktmanagement zu einer entscheidenden Fähigkeit in unserer zunehmend komplexen Welt. Effektives Konfliktmanagement ermöglicht es Individuen, Gruppen und Organisationen, Konflikte konstruktiv zu bewältigen und als Chance für Wachstum und Entwicklung zu nutzen. Es umfasst Strategien und Techniken, die darauf abzielen, Konflikte zu identifizieren, zu analysieren und zu lösen, bevor sie zu ernsthaften Problemen werden. Die Bedeutung des Konfliktmanagements zeigt sich nicht nur in der Vermeidung von Eskalationen, sondern auch in der Förderung von Kommunikation, Zusammenarbeit und letztendlich dem Erhalt von Beziehungen.

Das vorliegende Buch hat sich zum Ziel gesetzt, ein umfassendes Verständnis für das konfrontative Konfliktmanagement zu vermitteln. Während viele Ansätze des Konfliktmanagements auf Kooperation und Konsens abzielen, beleuchtet dieses Buch die spezifischen Merkmale, Strategien und Techniken, die beim konfrontativen Umgang mit Konflikten zur Anwendung kommen. Konfrontatives Konfliktmanagement bedeutet nicht, Konflikte gewaltsam oder destruktiv zu lösen; vielmehr bezieht es sich auf einen direkten und offenen Umgang mit Differenzen, der es den Beteiligten ermöglicht, ihre Positionen klar zu artikulieren und zu verteidigen. Ziel ist es, eine Lösung zu finden, die für alle Parteien akzeptabel ist, auch wenn dies bedeutet, dass Spannungen und Meinungsverschiedenheiten zunächst offen angesprochen werden müssen.

Ein wesentlicher Bestandteil des konfrontativen Konfliktmanagements ist die Fähigkeit, in schwierigen

Situationen ruhig und sachlich zu kommunizieren. In diesem Buch werden wir verschiedene Phasen des konfrontativen Konfliktmanagements untersuchen, angefangen bei der Vorbereitung auf eine Konfrontation über die Durchführung bis hin zur Nachbereitung und Reflexion. Darüber hinaus werden wir die Rolle von Kommunikation und Verhandlungstechniken beleuchten, die für eine erfolgreiche Konfliktbewältigung unerlässlich sind.

Abschließend werden auch praktische Übungen und Fallstudien vorgestellt, die es den Lesern ermöglichen, das Gelernte in realen Situationen anzuwenden. Das Ziel dieses Buches ist es, den Lesern nicht nur die theoretischen Grundlagen des konfrontativen Konfliktmanagements näherzubringen, sondern auch praktische Fähigkeiten zu vermitteln, die sie in ihrem Alltag nutzen können, um Konflikte effektiv zu bewältigen und gesunde, produktive Beziehungen aufzubauen. Wir laden Sie ein, sich auf diese Reise in die Welt des konfliktreichen, aber auch bereichernden menschlichen Miteinanders zu begeben und die Möglichkeiten zu entdecken, die sich aus einer offenen und konfrontativen Konfliktbearbeitung ergeben.

Kapitel 1: Grundlagen des Konfliktmanagements

Konflikte sind ein natürlicher Bestandteil menschlicher Interaktionen. Sie entstehen, wenn unterschiedliche Interessen, Werte, Bedürfnisse oder Perspektiven aufeinanderprallen. Um diese Konflikte effektiv zu bewältigen, ist ein fundiertes Verständnis von Konfliktmanagement erforderlich. In diesem Kapitel werden wir die Grundlagen des Konfliktmanagements beleuchten, um die Aktivitäten und Strategien zu verstehen, die zur Lösung von Konflikten eingesetzt werden können.

1.1 Was ist Konfliktmanagement?

Konfliktmanagement ist ein systematischer Prozess, der darauf abzielt, Konflikte zu erkennen, zu verstehen und effektiv zu lösen. Es geht über die bloße Beilegung von Streitigkeiten hinaus und umfasst eine Reihe von Techniken und Strategien, die darauf abzielen, Konfliktsituationen konstruktiv zu bewältigen. Der erste Schritt im Konfliktmanagement besteht darin, Konflikte frühzeitig zu identifizieren, bevor sie sich zu größeren Problemen entwickeln können. Dies erfordert ein hohes Maß an Sensibilität und ein gutes Gespür für zwischenmenschliche Dynamiken.

Sobald ein Konflikt erkannt wurde, ist die Analyse der zugrunde liegenden Ursachen von entscheidender Bedeutung. Hierbei werden die Interessen, Bedürfnisse, Werte und Perspektiven der beteiligten Parteien betrachtet. Diese Analyse hilft, Missverständnisse zu klären und ein tieferes Verständnis für die Standpunkte der anderen zu entwickeln. Ein zentraler Aspekt des Konfliktmanagements ist die Fähigkeit, die negativen Auswirkungen von Konflikten zu minimieren. Dies kann beispielsweise durch die Förderung eines respektvollen Dialogs, aktives Zuhören und Empathie geschehen.

Darüber hinaus sollte Konfliktmanagement auch die positiven Aspekte von Konflikten in den Blick nehmen. Oft können Konflikte, wenn sie richtig angegangen werden, als Chancen für Wachstum und Verbesserung genutzt werden. Sie können dazu beitragen, innovative Lösungen zu entwickeln, bestehende Prozesse zu optimieren und die Zusammenarbeit zu stärken. Ein effektives Konfliktmanagement fördert daher nicht nur die Klärung von Missverständnissen und die Reduzierung von Spannungen, sondern auch die Stärkung der Beziehungen zwischen den Konfliktparteien.

Das übergeordnete Ziel des Konfliktmanagements ist nicht nur die kurzfristige Lösung eines spezifischen

Konflikts, sondern auch die Schaffung eines stabilen Rahmens, der zukünftige Konflikte proaktiv verhindert oder zumindest deren Eskalation reduziert. Ein gut durchdachter Ansatz im Konfliktmanagement kann dazu führen, dass die Beteiligten lernen, auf konstruktive Weise miteinander umzugehen, was langfristig die Teamdynamik und die allgemeine Arbeitsatmosphäre verbessert.

Darüber hinaus ist Konfliktmanagement sowohl eine individuelle als auch eine kollektive Fähigkeit. In persönlichen Beziehungen, in Organisationen oder in gesellschaftlichen Kontexten sind die Fähigkeiten, Konflikte zu managen und zu lösen, von großer Bedeutung. Individuen müssen in der Lage sein, ihre eigenen Emotionen und Reaktionen zu steuern, während sie gleichzeitig die Dynamiken innerhalb einer Gruppe oder Organisation berücksichtigen. In diesem Sinne ist Konfliktmanagement nicht nur eine technische Fertigkeit, sondern auch eine soziale Kompetenz, die in verschiedenen Lebensbereichen von entscheidender Bedeutung ist.

Zusammenfassend lässt sich sagen, dass Konfliktmanagement ein komplexer, aber essenzieller Prozess ist, der entscheidend zur Schaffung eines harmonischen und produktiven Umfelds beiträgt. Durch die Identifizierung, Analyse und konstruktive Lösung von Konflikten können nicht nur die aktuellen Herausforderungen bewältigt, sondern auch die Grundlage für eine positive, kooperative und respektvolle Interaktion in der Zukunft gelegt werden.

1.2 Theoretische Ansätze

Im Bereich des Konfliktmanagements gibt es verschiedene theoretische Ansätze, die unterschiedliche Perspektiven und Techniken bieten. Zwei der bekanntesten Modelle sind das Thomas-Kilmann-Modell und das Harvard-Konzept.

Thomas-Kilmann-Modell:

Das Thomas-Kilmann-Modell, entwickelt von den Psychologen Kenneth Thomas und Ralph Kilmann in den 1970er Jahren, ist ein weit anerkanntes Instrument zur Analyse und Beschreibung von Konfliktbewältigungsstilen. Es identifiziert fünf grundlegende Stile der Konfliktbewältigung: Vermeidung, Anpassung, Konkurrenz, Kompromiss und Zusammenarbeit. Jeder dieser Stile repräsentiert eine unterschiedliche Herangehensweise an Konflikte und hat seine eigenen Vor- und Nachteile, die in verschiedenen Kontexten unterschiedlich wirksam sein können.

1. Vermeidung

Der Vermeidungsstil zeichnet sich durch das Ignorieren oder das Ausweichen von Konflikten aus.

Personen, die diesen Stil anwenden, versuchen oft, Spannungen zu reduzieren, indem sie sich aus der Situation zurückziehen oder das Problem nicht ansprechen. Dies kann kurzfristig entlastend wirken und dazu beitragen, akute Konflikte zu vermeiden. Allerdings birgt dieser Ansatz das Risiko, dass die zugrunde liegenden Probleme unverändert bleiben oder sich sogar verschärfen. Langfristig kann die Vermeidung zu einem Anstieg von Frustration und Missverständnissen führen, da die Konfliktparteien möglicherweise nie die Gelegenheit erhalten, ihre Bedenken auszudrücken oder Lösungen zu finden. Daher ist dieser Stil oft nur als kurzfristige Lösung geeignet und sollte mit Vorsicht eingesetzt werden.

2. Anpassung

Der Anpassungsstil beinhaltet, dass eine Partei Zugeständnisse an die Bedürfnisse oder Wünsche der anderen Partei macht. Dies kann zu einer schnellen und scheinbar harmonischen Lösung führen, die den Konflikt kurzfristig löst. Der anpassende Konfliktbewältigungsstil ist besonders nützlich, wenn die Beziehung zu der anderen Partei wichtiger ist als das spezifische Ergebnis des Konflikts. Dennoch kann diese Strategie langfristig zu Unzufriedenheit und Ressentiments führen, insbesondere wenn die anpassende Partei das Gefühl hat, ihre eigenen Bedürfnisse und Interessen konstant zu opfern. Die dauerhafte Nutzung des Anpassungsstils kann dazu führen, dass sich die betroffene Person in der Beziehung oder Situation unwohl fühlt und letztendlich zu einer erhöhten Frustration führt.

3. Konkurrenz

Der Konkurrenzstil beschreibt eine aggressive Herangehensweise, bei der eine Partei ihre eigenen Interessen auf Kosten der anderen durchsetzt. Dieser Stil wird häufig in Situationen verwendet, in denen schnelle Entscheidungen erforderlich sind oder in denen eine Partei die Kontrolle oder Dominanz in der Situation erlangen möchte. Während der Konkurrenzstil in bestimmten Kontexten, wie beispielsweise bei Verhandlungen oder in Krisensituationen, notwendig sein kann, hat er oft negative Auswirkungen auf die Beziehungen zwischen den Beteiligten. Ein solcher Ansatz kann das Vertrauen untergraben und zu einem feindlichen Umfeld führen, in dem eine konstruktive Zusammenarbeit erschwert ist. Daher sollte der Konkurrenzstil mit Bedacht eingesetzt werden, um destruktive Folgen zu vermeiden.

4. Kompromiss

Der Kompromissstil ist gekennzeichnet durch das Geben und Nehmen von beiden Parteien, um zu einer Lösung zu gelangen, die für alle akzeptabel ist. Hierbei sind beide Parteien bereit, gewisse Vorteile aufzugeben, um einen Mittelweg zu finden. Dieser Ansatz kann in vielen Fällen effektiv sein, insbesondere wenn die beteiligten Parteien schnell zu einer Einigung kommen möchten. Allerdings kann der Kompromiss auch dazu führen, dass keine der Parteien vollständig zufrieden ist, da beide ihre ursprünglichen Positionen in gewissem Maße aufgeben müssen. Dieser Stil ist oft eine praktische Lösung, bietet jedoch möglicherweise nicht die optimale Lösung für alle Beteiligten.

5. Zusammenarbeit

Der Zusammenarbeitsstil ist der kooperativste und konstruktivste Ansatz zur Konfliktbewältigung. Er beinhaltet eine gemeinsame Suche nach Lösungen, die sowohl die Bedürfnisse als auch die Interessen aller Parteien berücksichtigen. Dies erfordert oft ein hohes Maß an Kommunikation, Empathie und kreativer Problemlösung. Obwohl dieser Ansatz häufig als der effektivste angesehen wird, kann er auch der zeitaufwändigste sein. Die Zusammenarbeit erfordert Geduld und die Bereitschaft, in einen Dialog einzutreten, der manchmal komplex und herausfordernd sein kann. Wenn es jedoch gelingt, eine gemeinsame Lösung zu finden, kann dies nicht nur den Konflikt lösen, sondern auch die Beziehungen zwischen den Beteiligten stärken und das Vertrauen fördern.

Zusammenfassend lässt sich sagen, dass das Thomas-Kilmann-Modell eine wertvolle Grundlage für das Verständnis der unterschiedlichen Konfliktbewältigungsstile bietet. Jeder Stil hat seine eigenen Stärken und Schwächen, und die Wahl des richtigen Ansatzes hängt von der spezifischen Situation sowie den beteiligten Personen und deren Zielen ab. Ein effektiver Umgang mit Konflikten erfordert oft die Fähigkeit, flexibel zwischen diesen Stilen zu wechseln, je nach den Umständen und den Bedürfnissen aller Beteiligten.

Harvard-Konzept:

Das Harvard-Konzept, das von den Wissenschaftlern Roger Fisher und William Ury in den 1980er Jahren entwickelt wurde, stellt einen paradigmatischen Ansatz zur Verhandlung und Konfliktlösung dar. Anstatt sich auf konfrontative oder wettbewerbsorientierte Strategien zu stützen, fördert dieses Konzept eine kooperative und integrative Haltung, die darauf abzielt, langfristige Lösungen zu finden, die für alle Beteiligten vorteilhaft sind. Der Ansatz basiert auf vier zentralen Prinzipien, die als Leitlinien für effektive und konstruktive Verhandlungen dienen.

1. Menschen und Probleme voneinander trennen

Das erste Prinzip des Harvard-Konzepts betont die Bedeutung, die Beziehung zwischen den Konfliktparteien von dem eigentlichen Problem zu unterscheiden. In vielen Konfliktsituationen neigen die Beteiligten dazu, persönliche Angriffe oder emotionale Reaktionen in ihre Verhandlungen einzubringen, was die Situation weiter eskalieren kann. Indem man sich darauf konzentriert, die menschlichen Aspekte des Konflikts zu entkoppeln, können die Parteien klarer und objektiver an die Lösung des Problems herangehen. Dies bedeutet, dass die Konfliktparteien lernen müssen, ihre Emotionen zu regulieren und sich nicht von persönlichen Gefühlen leiten zu lassen. Ein respektvoller und sachlicher Umgang miteinander kann dazu beitragen, eine konstruktive Atmosphäre zu schaffen, die die Lösung des Problems erleichtert.

2. Interessen statt Positionen in den Mittelpunkt stellen

Das zweite Prinzip fordert dazu auf, sich auf die zugrunde liegenden Interessen der Beteiligten zu konzentrieren, anstatt sich auf starre Positionen zu versteifen. Oftmals sind die Positionen, die in Verhandlungen eingenommen werden, lediglich Oberflächenäußerungen und spiegeln nicht die tatsächlichen Bedürfnisse und Wünsche der Parteien wider. Indem die Verhandlungsführer ihre wahren Interessen – das, was sie wirklich erreichen möchten – offenlegen, schaffen sie die Möglichkeit für kreative Lösungen, die für beide Seiten vorteilhaft sein können. Dieser Ansatz erfordert aktives Zuhören und Empathie, um die Perspektiven der anderen Partei zu verstehen und die eigenen Interessen klar zu kommunizieren. Durch das Erforschen gemeinsamer Interessen können die Parteien oft Wege finden, die zu einer Win-Win-Situation führen.

3. Optionen für gegenseitigen Nutzen entwickeln

Das dritte Prinzip ermutigt die Konfliktparteien, gemeinsam nach Optionen zu suchen, die für beide Seiten vorteilhaft sind. Anstatt sich auf einen Wettlauf um den besten Deal zu konzentrieren, sollten die Beteiligten kreativ denken und eine Vielzahl von Lösungsmöglichkeiten in Betracht ziehen. Dieser Ansatz fördert eine offene Diskussion, in der alle Ideen willkommen sind, unabhängig davon, wie unkonventionell sie erscheinen mögen. Durch Brainstorming und die Kombination von Ideen können die Parteien eine Lösung entwickeln, die möglicherweise nicht nur die ursprünglichen Interessen beider Seiten berücksichtigt, sondern auch neue Möglichkeiten eröffnet, die zuvor nicht in Betracht gezogen wurden. Das Ziel ist es, einen Raum für Zusammenarbeit zu schaffen, der innovative und nachhaltige Lösungen hervorbringt.

4. Objektive Kriterien verwenden

Das vierte Prinzip des Harvard-Konzepts legt Wert darauf, dass Lösungen auf objektiven Kriterien basieren sollten. Dies bedeutet, dass die Beteiligten sich auf faire und nachvollziehbare Standards einigen, die nicht von persönlichen Meinungen oder subjektiven Wahrnehmungen abhängen. Indem man sich auf objektive Kriterien stützt – wie rechtliche Standards, Marktpreise oder wissenschaftliche Daten – können die Parteien eine Basis für ihre Entscheidungen und Vereinbarungen schaffen, die für alle Beteiligten akzeptabel ist. Dieser Ansatz fördert nicht nur die Fairness in den Verhandlungen, sondern trägt auch dazu bei, dass die getroffenen Entscheidungen von beiden Seiten als legitim und gerecht empfunden werden. Objektive Kriterien helfen, Machtspielchen und Manipulationen zu vermeiden und schaffen eine transparente Verhandlungsumgebung.

Zusammenfassend lässt sich sagen, dass das Harvard-Konzept ein effektiver und nachhaltiger Ansatz zur Konfliktlösung ist, der auf der Annahme basiert, dass Verhandlungen nicht nur um das Gewinnen oder Verlieren gehen, sondern darum, gemeinsame Lösungen zu finden, die für alle Beteiligten von

Nutzen sind. Durch die Anwendung der vier Prinzipien – Menschen und Probleme voneinander zu trennen, Interessen statt Positionen in den Mittelpunkt zu stellen, Optionen für gegenseitigen Nutzen zu entwickeln und objektive Kriterien zu verwenden – können Verhandlungspartner konstruktive Dialoge führen, die zu langfristigen und positiven Ergebnissen führen.

1.3 Arten von Konflikten

Konflikte treten in verschiedenen Formen auf, und das Verständnis ihrer Arten ist entscheidend für eine effektive Konfliktbewältigung. Zu den häufigsten Arten von Konflikten gehören:

- **Persönliche Konflikte:**

  Persönliche Konflikte sind ein häufiges Phänomen, das in den vielfältigsten sozialen Beziehungen auftritt. Sie entstehen in der Regel aufgrund von zwischenmenschlichen Differenzen, Missverständnissen oder unvereinbaren Persönlichkeiten. Diese Konflikte können in verschiedenen Beziehungskonstellationen auftreten, wie etwa in Freundschaften, familiären Bindungen oder romantischen Partnerschaften. Besonders in diesen engen und emotional aufgeladenen

Beziehungen sind oft tiefere emotionale Faktoren im Spiel, die die Konfliktdynamik beeinflussen. Häufige Auslöser sind Gefühle wie Eifersucht, Verletztheit, Enttäuschung, aber auch unterschiedliche Erwartungen an die Beziehung oder an das Verhalten des anderen.

Ein typisches Beispiel für persönliche Konflikte könnte eine Auseinandersetzung zwischen Geschwistern sein. In solchen Fällen kann es vorkommen, dass sie um die Aufmerksamkeit und Zuneigung der Eltern konkurrieren, was oft zu Spannungen führt. Ein Geschwisterkind könnte sich benachteiligt fühlen, weil es den Eindruck hat, dass das andere Kind mehr Aufmerksamkeit oder Anerkennung erhält. Darüber hinaus können unterschiedliche Auffassungen über Familientraditionen oder Werte ebenfalls Konflikte hervorrufen. Zum Beispiel könnte ein Geschwisterteil die Bedeutung bestimmter Familientreffen oder Feiertagsbräuche höher einschätzen als das andere, was zu Spannungen und Auseinandersetzungen führen kann.

Solche Konflikte sind nicht nur belastend für die direkt beteiligten Personen, sondern sie können auch das gesamte soziale Umfeld, in dem sie sich bewegen, erheblich beeinflussen.

Freunde, Eltern oder andere Familienmitglieder können in die Konflikte hineingezogen werden, was zu einer weiteren Eskalation der Situation führen kann. Das soziale Gefüge, das auf Vertrauen und Harmonie basiert, kann durch ungelöste persönliche Konflikte stark gefährdet werden.

Um persönliche Konflikte konstruktiv zu lösen, sind spezifische Kommunikationsfähigkeiten erforderlich. Es ist wichtig, dass die Beteiligten in der Lage sind, ihre Gedanken und Gefühle offen und ehrlich auszudrücken, ohne dabei den anderen zu verletzen oder zu beschuldigen. Empathie spielt eine entscheidende Rolle: Die Fähigkeit, sich in die Lage des anderen hineinzuversetzen und dessen Perspektive zu verstehen, kann helfen, Missverständnisse auszuräumen und einen gemeinsamen Nenner zu finden.

Zusätzlich ist die Fähigkeit, aktiv zuzuhören, von enormer Bedeutung. Aktives Zuhören bedeutet, dem anderen die volle Aufmerksamkeit zu schenken, seine Worte zu verstehen und auf die Emotionen hinter den Äußerungen einzugehen. Oft sind es nicht nur die Worte, die zählen, sondern auch die Emotionen und Bedürfnisse, die nicht immer direkt ausgesprochen werden. Die Kontrolle der eigenen Emotionen ist ebenfalls zentral in der Konfliktlösung. Wenn Emotionen wie Wut oder Frustration die Oberhand gewinnen, kann es schwierig sein, rational zu denken und konstruktiv zu handeln.

Insgesamt erfordert die Bewältigung persönlicher Konflikte ein hohes Maß an Selbstreflexion und die Bereitschaft, an der eigenen Kommunikationsfähigkeit zu arbeiten. Nur so können Missverständnisse geklärt und Beziehungen gestärkt werden. Ein respektvoller und offener Austausch ist der Schlüssel, um persönliche Konflikte in Möglichkeiten zur Weiterentwicklung und Stärkung der zwischenmenschlichen Bindungen zu verwandeln.

- **Teambezogene Konflikte:**

  Teambezogene Konflikte sind ein häufiges Phänomen in Arbeitsgruppen oder Teams und können erhebliche Auswirkungen auf die Effizienz, Produktivität und das allgemeine Arbeitsklima haben. Diese Konflikte entstehen häufig aufgrund von unterschiedlichen Arbeitsstilen, Zielen, Prioritäten oder

Kommunikationsproblemen zwischen den Teammitgliedern. In einem Umfeld, in dem Menschen mit unterschiedlichen Hintergründen, Erfahrungen und Perspektiven zusammenarbeiten, ist es nicht ungewöhnlich, dass unterschiedliche Auffassungen und Herangehensweisen aufeinandertreffen.

Ein zentraler Auslöser für teambezogene Konflikte sind unterschiedliche Arbeitsstile. Teammitglieder können unterschiedliche Ansätze zur Erledigung von Aufgaben haben, was zu Spannungen führen kann. Beispielsweise könnte ein Teammitglied einen strukturierten und detaillierten Ansatz bevorzugen, während ein anderes Teammitglied einen flexibleren und kreativeren Arbeitsstil bevorzugt. Solche Unterschiede können dazu führen, dass die Teammitglieder Schwierigkeiten haben, sich auf einen gemeinsamen Arbeitsprozess zu einigen, was zu Frustration und Missverständnissen führen kann. Diese unterschiedlichen Ansätze können auch die Wahrnehmung der Teammitglieder über den Wert der Arbeit des anderen beeinflussen, was das Vertrauen und die Zusammenarbeit weiter untergraben kann.

Darüber hinaus können unterschiedliche Ziele und Prioritäten innerhalb eines Teams zu Konflikten führen. Wenn Teammitglieder unterschiedliche Vorstellungen davon haben, was die wichtigsten Ziele sind oder wie diese erreicht werden sollen, kann dies zu einem erheblichen Spannungsfeld führen. Ein Teammitglied könnte beispielsweise den Fokus auf kurzfristige Ergebnisse legen, während ein anderes die langfristige Strategie und Nachhaltigkeit priorisiert. Solche Differenzen können dazu führen, dass Teammitglieder gegeneinander arbeiten, anstatt gemeinsam an einem Strang zu ziehen. Infolgedessen kann die gesamte Teamdynamik beeinträchtigt werden, was zu einer verminderten Produktivität und einem Gefühl der Unzufriedenheit innerhalb des Teams führen kann.

Ein weiterer wichtiger Faktor, der teambezogene Konflikte begünstigen kann, sind Kommunikationsprobleme. Missverständnisse, unklare Anweisungen oder mangelnde Transparenz können dazu führen, dass Informationen nicht effektiv geteilt werden. Wenn Teammitglieder nicht in der Lage sind, offen und ehrlich miteinander zu kommunizieren, kann dies zu einem Gefühl der Isolation und Unsicherheit führen. Eine unzureichende Kommunikation kann auch dazu führen, dass Teammitglieder nicht wissen, was von ihnen erwartet wird, oder dass sie im Unklaren über die Fortschritte und Leistungen ihrer Kollegen sind. Dies kann nicht nur die Motivation der Teammitglieder beeinträchtigen, sondern auch die Gesamteffektivität des Teams verringern.

Die Auswirkungen teambezogener Konflikte sind oft weitreichend. Sie können nicht nur die Effizienz und Produktivität des Teams beeinträchtigen, sondern auch das allgemeine Arbeitsklima negativ beeinflussen. Ein Team, das von Konflikten geprägt ist, kann eine hohe Fluktuation von Mitarbeitenden erleben, da Unzufriedenheit und Stress zunehmen. Darüber hinaus können solche Konflikte auch die Kreativität und Innovation innerhalb des Teams hemmen, da Teammitglieder möglicherweise zögern, Ideen zu teilen oder

Risiken einzugehen, aus Angst vor negativer Kritik oder Konflikten.

Um teambezogene Konflikte erfolgreich zu bewältigen, ist es entscheidend, eine offene und transparente Kommunikationskultur zu fördern. Regelmäßige Teammeetings, in denen alle Mitglieder ihre Meinungen und Bedenken äußern können, sind von großer Bedeutung. Darüber hinaus sollten Teamleiter oder Moderatoren geschult werden, um eine Atmosphäre zu schaffen, in der alle Stimmen gehört und respektiert werden. Konfliktlösungstechniken wie Mediation oder Moderation können ebenfalls helfen, Spannungen zu entschärfen und eine konstruktive Diskussion zu fördern.

Zusammenfassend lässt sich sagen, dass teambezogene Konflikte ein unvermeidlicher Bestandteil der Zusammenarbeit in Gruppen sind. Das Verständnis der Ursachen und Auswirkungen dieser Konflikte ist der erste Schritt, um sie effektiv zu bewältigen und die Teamdynamik zu verbessern. Durch die Förderung von Offenheit, Empathie und

Respekt können Teams lernen, Konflikte als Chancen für Wachstum und Verbesserung zu nutzen, anstatt sie als Hindernisse zu betrachten..

- **Interkulturelle Konflikte:**

  In einer zunehmend globalisierten Welt, in der Menschen aus verschiedenen kulturellen Hintergründen miteinander interagieren, sind interkulturelle Konflikte zu einem immer häufigeren Phänomen geworden. Diese Konflikte entstehen, wenn Individuen aus unterschiedlichen Kulturen aufeinandertreffen und unterschiedliche Werte, Normen, Verhaltensweisen und Kommunikationsstile aufweisen. Solche Unterschiede können zu Missverständnissen, Spannungen oder sogar offenen Konflikten führen, die sowohl im persönlichen als auch im beruflichen Umfeld erhebliche Auswirkungen haben können.

  Ein zentraler Grund für interkulturelle Konflikte sind die unterschiedlichen Werte und Normen, die in verschiedenen Kulturen vorherrschen. Werte sind tiefverwurzelte Überzeugungen darüber, was als richtig oder falsch, wichtig oder unwichtig angesehen wird.

Zum Beispiel können in kollektivistischen Kulturen Gemeinschaft und Teamarbeit stärker gewichtet werden, während individualistische Kulturen den persönlichen Erfolg und die Selbstverwirklichung betonen. Diese grundlegenden Unterschiede können in Zusammenarbeitssituationen zu Missverständnissen führen, wenn beispielsweise ein Teammitglied aus einer kollektivistischen Kultur den Wert der Zusammenarbeit hoch schätzt, während ein Mitglied aus einer individualistischen Kultur möglicherweise mehr Wert auf persönliche Initiative legt. Solche Differenzen können schnell zu Spannungen führen, wenn die Erwartungen und Arbeitsweisen der Teammitglieder nicht aufeinander abgestimmt sind.

Ein weiteres wichtiges Element sind die unterschiedlichen Kommunikationsstile, die in verschiedenen Kulturen vorherrschen. In einigen Kulturen wird eine direkte, klare Kommunikation geschätzt, während in anderen eine indirekte, nuancierte Kommunikation bevorzugt wird. Zum Beispiel können Menschen aus hochkontextuellen

Kulturen, in denen viel Wert auf nonverbale Hinweise und den sozialen Kontext gelegt wird, als unhöflich oder respektlos wahrgenommen werden, wenn sie direkt und offen Kritik üben. Umgekehrt kann eine indirekte Kommunikation in niedrigkontextuellen Kulturen als unklar oder unehrlich empfunden werden. Diese Unterschiede in der Kommunikation können dazu führen, dass Botschaften falsch interpretiert werden, was zu Frustration und Missverständnissen führt.

Darüber hinaus spielen kulturelle Unterschiede in Bezug auf Zeit und Raum eine bedeutende Rolle bei interkulturellen Konflikten. In manchen Kulturen wird Pünktlichkeit als entscheidend angesehen und Termine werden als verbindlich betrachtet, während in anderen Kulturen eine flexiblere Auffassung von Zeit vorherrscht. Ähnliches gilt für den Umgang mit persönlichem Raum; in einigen Kulturen ist enger körperlicher Kontakt normal, während andere Kulturen mehr Abstand bevorzugen. Diese unterschiedlichen Auffassungen können in multikulturellen Umgebungen zu Unbehagen und Konflikten führen, insbesondere wenn es um die Planung von Meetings oder den Austausch von Informationen geht.

Interkulturelle Konflikte erfordern ein hohes Maß an Sensibilität und Verständnis für kulturelle Unterschiede. Es ist entscheidend, dass Individuen, die in multikulturellen Umgebungen arbeiten oder leben, sich der Vielfalt der Perspektiven und Erfahrungen bewusst sind, die andere Menschen mitbringen. Dies bedeutet, dass man bereit sein muss, eigene Vorurteile und Stereotypen zu hinterfragen und sich aktiv um eine empathische Kommunikation zu bemühen. Eine wichtige Fähigkeit in diesem Zusammenhang ist die interkulturelle Kompetenz, die die Fähigkeit umfasst, effektiv und respektvoll mit Menschen aus verschiedenen Kulturen zu interagieren. Diese Kompetenz beinhaltet unter anderem das Wissen über andere Kulturen, die Fähigkeit, sich in die Perspektive anderer hineinzuversetzen, sowie die Bereitschaft, sich an unterschiedliche Kommunikationsstile anzupassen.

Eine proaktive Herangehensweise zur Konfliktlösung in interkulturellen Kontexten umfasst auch das Einrichten von Plattformen für offene Gespräche und den Austausch von Erfahrungen und Perspektiven. Workshops zur interkulturellen Sensibilisierung und Teambildungsaktivitäten können dazu beitragen, Vertrauen aufzubauen und ein besseres Verständnis für die kulturellen Unterschiede innerhalb eines Teams zu fördern. Solche Maßnahmen können dazu beitragen, Spannungen abzubauen und die Zusammenarbeit in multikulturellen Umgebungen zu verbessern.

Zusammenfassend lässt sich sagen, dass interkulturelle Konflikte ein komplexes und vielschichtiges Thema sind, das in unserer globalisierten Welt angesichts der zunehmenden Vernetzung und Diversität von Menschen und Kulturen von wachsender Bedeutung ist. Das Verständnis und die Wertschätzung kultureller Unterschiede sind entscheidend, um diese Konflikte konstruktiv anzugehen und ein harmonisches Miteinander zu fördern. Indem wir lernen, die Vielfalt der kulturellen Perspektiven zu respektieren und wertzuschätzen, können wir nicht nur Konflikte minimieren, sondern auch von den unterschiedlichen Stärken und Einsichten profitieren, die jede Kultur mit sich bringt.

1.4 Die Rolle von Emotionen in Konflikten

Emotionen sind zentrale Elemente in Konfliktsituationen und beeinflussen sowohl deren Entstehung als auch deren Verlauf maßgeblich. Sie wirken oft als treibende Kräfte, die Konflikte anstoßen und verstärken können. Emotionen wie Wut, Frustration, Angst oder Traurigkeit sind häufig die Motivatoren hinter einem Konflikt und prägen die Art und Weise, wie die Beteiligten auf die Situation reagieren. Wenn diese Emotionen nicht erkannt oder nicht angemessen behandelt werden, können sie schnell zu einer Eskalation des Konflikts führen.

Ein Beispiel für die Rolle von Emotionen in Konflikten ist die Wut. Sie kann aus einer wahrgenommenen Ungerechtigkeit oder einem Verletzungsgefühl entstehen und dazu führen, dass Individuen defensiv oder aggressiv reagieren. Wenn jemand das Gefühl hat, dass seine Bedürfnisse oder Rechte missachtet werden, kann dies zu einer emotionalen Reaktion führen, die das Gespräch oder die Verhandlungen stark beeinflusst. In solchen Momenten kann die Fähigkeit, diese Emotionen zu erkennen und zu steuern, entscheidend sein, um eine konstruktive Kommunikation aufrechtzuerhalten.

Frustration ist eine weitere Emotion, die in Konfliktsituationen häufig vorkommt. Wenn Erwartungen nicht erfüllt werden oder Ziele unerreichbar scheinen, kann Frustration aufkommen. Diese Emotion kann dazu führen, dass Beteiligte ihre Sichtweisen verhärten und weniger bereit sind, einem Kompromiss zuzustimmen. In solchen Fällen ist es wichtig, Mechanismen zur Frustrationsbewältigung zu integrieren, um die Kommunikation offen zu halten und die Möglichkeit für Lösungen zu fördern.

Angst kann ebenfalls eine bedeutende Rolle in Konflikten spielen. Die Furcht vor Verlust, Ablehnung oder negativen Konsequenzen kann dazu führen, dass Individuen in Konfliktsituationen defensiv oder zurückhaltend agieren. Angst kann auch zu Missverständnissen beitragen, da sie die Wahrnehmung verzerren und dazu führen kann, dass Menschen überreagieren oder die Absichten anderer falsch interpretieren. Der Umgang mit Angst während eines Konflikts erfordert ein hohes Maß an Empathie und die Fähigkeit, ein unterstützendes Umfeld zu schaffen, in dem sich alle Beteiligten sicher fühlen, ihre Bedenken zu äußern.

Um emotionale Reaktionen in Konfliktsituationen effektiv zu managen, ist emotionale Intelligenz von entscheidender Bedeutung. Emotionale Intelligenz umfasst die Fähigkeit, die eigenen Emotionen sowie die Emotionen anderer zu erkennen, zu verstehen und angemessen darauf zu reagieren. Diese Fähigkeit ist nicht nur für die Konfliktlösung wichtig, sondern auch für den Aufbau von Beziehungen und das Fördern einer positiven Teamdynamik. Personen mit hoher emotionaler Intelligenz können empathisch zuhören, was bedeutet, dass sie aktiv und ohne Vorurteile auf die Gefühle und Bedürfnisse anderer eingehen. Dies trägt dazu bei, Missverständnisse zu klären und die Kommunikation respektvoll zu gestalten.

Ein effektives Konfliktmanagement erfordert daher eine Kombination aus technischem Wissen, strategischem Denken und emotionaler Intelligenz. Die Fähigkeit, emotionale Ausdrücke zu deuten und auf sie einzugehen, kann den Unterschied zwischen einer konstruktiven Auseinandersetzung und einer

destruktiven Eskalation ausmachen. In der Praxis
bedeutet dies, dass Konfliktmanager und Beteiligte
lernen sollten, ihre eigenen Emotionen zu regulieren
und die Emotionen anderer zu berücksichtigen. Dies
kann durch Techniken wie Achtsamkeit, Reflexion
und gezielte Kommunikation gefördert werden.

In diesem Kapitel haben wir die Grundlagen des
Konfliktmanagements erörtert, einschließlich der
Definition von Konfliktmanagement, theoretischen
Ansätzen, verschiedenen Arten von Konflikten und
der Rolle von Emotionen. Das Verständnis dieser
Grundlagen bildet das Fundament für die
Anwendung von konfrontativem
Konfliktmanagement, auf das wir in den folgenden
Kapiteln näher eingehen werden. Durch die
Entwicklung emotionaler Intelligenz und das
Bewusstsein für die Einflussnahme von Emotionen
auf Konflikte können wir die Effizienz und Effektivität
unserer Konfliktlösungsstrategien erheblich steigern.
Dies wird nicht nur zu besseren Ergebnissen führen,
sondern auch die Beziehungen zwischen den
Beteiligten stärken und eine langfristige
Zusammenarbeit fördern.

Kapitel 2: Konfrontatives Konfliktmanagement

Konfrontatives Konfliktmanagement ist ein Ansatz zur Lösung von Konflikten, der sich durch eine direkte und oft unverblümte Auseinandersetzung mit den Konfliktursachen und -parteien auszeichnet. In diesem Kapitel werden wir uns eingehend mit den Definitionen und Merkmalen konfrontativen Konfliktmanagements, den Unterschieden zu kooperativen Methoden, den Vor- und Nachteilen sowie den Situationen, in denen dieser Ansatz sinnvoll ist, beschäftigen.

2.1 Definition und Merkmale

Konfrontatives Konfliktmanagement ist ein entschlossener und oft unverblümter Ansatz zur Konfliktlösung, bei dem die Konfliktparteien direkt und offen mit den bestehenden Differenzen umgehen. Diese Methode zielt darauf ab, Spannungen und Missverständnisse nicht nur zu erkennen, sondern sie auch aktiv anzusprechen und zu klären. Im Kern geht es darum, die zugrunde liegenden Probleme an die Oberfläche zu bringen und eine ehrliche, ungeschönte Diskussion zu führen. Die Vorgehensweise beinhaltet häufig eine klare Benennung der Probleme, eine direkte Kommunikation der eigenen Bedürfnisse sowie eine konfrontative Haltung gegenüber anderen Perspektiven.

Zentrale Merkmale des konfrontativen Konfliktmanagements

Direkte Kommunikation:

Die direkte Kommunikation ist ein unverzichtbares und zentrales Merkmal des konfrontativen Konfliktmanagements, das eine entscheidende Rolle im Prozess der Konfliktlösung spielt. Bei dieser Methode sind die Konfliktparteien dazu angehalten, ihre Standpunkte, Meinungen, Bedenken und Emotionen klar und deutlich zu äußern. Dies bedeutet, dass sie nicht in einer zurückhaltenden oder indirekten Weise agieren, sondern vielmehr bereit sind, ihre Gedanken und Gefühle offen und ehrlich zu kommunizieren.

Die Bedeutung dieser direkten Kommunikation kann nicht hoch genug eingeschätzt werden. Oftmals entstehen Missverständnisse und Spannungen in zwischenmenschlichen Beziehungen, weil Informationen unklar, vage oder indirekt vermittelt werden. Indem die Beteiligten jedoch klar und unmissverständlich miteinander sprechen, wird eine Atmosphäre geschaffen, die eine offene Verständigung fördert. Diese Transparenz minimiert nicht nur die

Wahrscheinlichkeit von Missverständnissen, sondern ermöglicht auch einen effektiven Austausch von Ideen und Perspektiven. Die Konfliktparteien können sich auf die Inhalte des Gesprächs konzentrieren, anstatt sich mit der Deutung von impliziten Botschaften oder Unsicherheiten auseinandersetzen zu müssen.

Ein weiterer Vorteil der direkten Kommunikation ist, dass sie die Grundlage für eine fundierte Diskussion schafft, die auf Ehrlichkeit und Klarheit basiert. In einem solchen Rahmen sind die Beteiligten nicht nur in der Lage, ihre eigenen Standpunkte darzulegen, sondern auch aktiv zuzuhören und die Sichtweisen der anderen zu verstehen. Diese wechselseitige Kommunikation kann dazu beitragen, Empathie zu entwickeln und ein größeres Verständnis für die Beweggründe und Emotionen der anderen zu gewinnen. Letztlich führt dies zu einer konstruktiveren Diskussion, die darauf abzielt, Lösungen zu finden, die für alle Parteien akzeptabel sind.

Fokus auf die Konfliktursachen

Ein weiterer wesentlicher Aspekt des konfrontativen Konfliktmanagements ist die Konzentration auf die tiefen liegenden Ursachen des Konflikts. Dieser Ansatz geht über die oberflächlichen Symptome eines Problems hinaus und strebt danach, die Wurzeln des Konflikts zu identifizieren und anzugehen. Häufig sind Konflikte nicht nur das Ergebnis unmittelbarer Differenzen, sondern sie sind in komplexen, oft mehrschichtigen Dynamiken verwurzelt, die es zu verstehen gilt.

Das bedeutet, dass die Beteiligten bereit sein müssen, sich mit unbequemen Wahrheiten auseinanderzusetzen. Sie müssen möglicherweise tief in ihre eigenen Emotionen und Überzeugungen eintauchen und sich Fragen stellen, die unangenehm sein können. Diese Selbstreflexion ist jedoch entscheidend, um ein vollständiges Bild der Konfliktdynamik zu erhalten. Darüber hinaus kann es erforderlich sein, strukturelle oder systemische Probleme zu erkennen, die zur Entstehung des Konflikts beigetragen haben. Diese Probleme können in der Organisation, im Team oder in der Beziehung zwischen den Konfliktparteien selbst liegen und erfordern oft eine strategische Analyse und Diskussion.

Der Fokus auf die Ursachen ermöglicht nicht nur eine tiefere Einsicht in die Dynamik des Konflikts, sondern auch die Entwicklung nachhaltiger Lösungen. Wenn die Konfliktparteien die Wurzeln des Problems verstehen, können sie Lösungen erarbeiten, die nicht nur kurzfristige Linderung bieten, sondern auch langfristige Veränderungen bewirken. Dies kann zum Beispiel die Implementierung neuer

Kommunikationsstrategien, die Anpassung von Arbeitsprozessen oder die Entwicklung von gemeinsamen Werten und Zielen beinhalten.

Insgesamt trägt der konfrontative Ansatz mit seinem Fokus auf direkte Kommunikation und die Ursachenanalyse dazu bei, dass Konflikte nicht nur gelöst, sondern auch als Chancen für Wachstum und Verbesserung genutzt werden können. Indem die Beteiligten lernen, offen und ehrlich zu kommunizieren und die zugrunde liegenden Probleme anzugehen, schaffen sie nicht nur eine bessere Konfliktkultur, sondern fördern auch langfristige Beziehungen und ein harmonisches Miteinander.

Konfrontation statt Vermeidung:

Im konfrontativen Konfliktmanagement wird aktiv vermieden, Konflikte zu ignorieren oder zu umgehen. Diese Methodik stellt einen klaren Gegensatz zu passiven oder vermeidenden Ansätzen dar, bei denen unangenehme Themen oft unter den Teppich gekehrt werden. Stattdessen wird von den Beteiligten eine aktive Auseinandersetzung mit den Konfliktthemen gefordert, was eine tiefgreifende und direkte Kommunikation voraussetzt. Diese Bereitschaft zur Konfrontation kann für viele Beteiligte herausfordernd sein, denn es ist menschlich, unangenehme Gespräche zu vermeiden oder sie zu beschönigen, um Konflikten aus dem Weg zu gehen.

Die Konfrontation erfordert Mut und Entschlossenheit, da sie oft mit emotionalen Belastungen und der Angst vor Eskalation verbunden ist. Viele Menschen empfinden die Konfrontation als unangenehm oder beängstigend, da sie befürchten, dass offene Diskussionen zu weiteren Spannungen oder Konflikten führen könnten. Dennoch ist die Konfrontation entscheidend, um festgefahrene Muster zu durchbrechen und eine produktive Diskussion zu ermöglichen. Wenn Konflikte ignoriert werden, können sie sich im Laufe der Zeit verschärfen und zu tiefergehenden Problemen führen, die schließlich die Beziehungen und die Zusammenarbeit erheblich belasten.

Indem die Konfliktparteien die Auseinandersetzung suchen, schaffen sie nicht nur die Möglichkeit, Missverständnisse auszuräumen, sondern fördern auch ein Klima der Offenheit und des Vertrauens. Durch den aktiven Dialog können die Beteiligten ihre unterschiedlichen Perspektiven und Bedürfnisse klar artikulieren, was dazu beiträgt, ein tieferes Verständnis für die Position des anderen zu entwickeln. Diese Klärung ist besonders wichtig, da viele Konflikte auf Missinterpretationen, unzureichender Kommunikation oder unausgesprochenen Erwartungen basieren.

Ein weiterer wesentlicher Aspekt der aktiven Auseinandersetzung ist die Möglichkeit, eine gemeinsame Basis für die Zusammenarbeit zu finden. Wenn die Konfliktparteien bereit sind, ihre Differenzen offen zu diskutieren, können sie nach Lösungen suchen, die die Interessen aller Beteiligten berücksichtigen. Dies kann zu kreativen Ansätzen führen, die in einem vermeidenden Umfeld möglicherweise nie zur Sprache gekommen wären. Die Suche nach Kompromissen und gemeinsamen Zielen stärkt nicht nur die Beziehung zwischen den Konfliktparteien, sondern fördert auch die Teamdynamik und die kollektive Problemlösungsfähigkeit.

Darüber hinaus ermöglicht die aktive Auseinandersetzung auch eine tiefere Reflexion über die eigenen Bedürfnisse und Werte. Die Beteiligten werden angeregt, ihre eigenen Positionen zu hinterfragen und die Gründe für ihre Standpunkte zu reflektieren. Diese Art der Selbstreflexion kann nicht nur zu einem besseren Verständnis der eigenen Emotionen und Motivationen führen, sondern auch dazu, dass die Beteiligten empathischer auf die Perspektiven und Anliegen der anderen reagieren.

Zusammengefasst ist die aktive Auseinandersetzung im konfrontativen Konfliktmanagement ein entscheidender Schritt, um Konflikte nicht nur zu lösen, sondern sie auch als Möglichkeit zur Weiterentwicklung und Verbesserung der Beziehung zu nutzen. Durch die Bereitschaft, unangenehme Themen offen anzusprechen, öffnen die Konfliktparteien die Tür zu einer tiefergehenden, gerechteren und produktiveren Zusammenarbeit, die auf gegenseitigem Verständnis und Respekt basiert.

Emotionale Offenheit:

Emotionale Offenheit ist ein weiterer zentraler Aspekt des konfrontativen Konfliktmanagements, der eine entscheidende Rolle im Prozess der Konfliktlösung spielt. In diesem Ansatz sind die Beteiligten oft bereit, ihre Gefühle und Emotionen offen zu zeigen und auszudrücken. Diese Bereitschaft, Emotionen zu teilen, führt nicht nur zu einer ehrlicheren und authentischeren Diskussion, sondern ermöglicht auch eine tiefere Auseinandersetzung mit den zugrunde liegenden Themen des Konflikts.

Die Art der Emotionen, die in solchen Gesprächen zum Ausdruck kommen, kann sehr vielfältig sein. Positive Emotionen wie Verständnis, Empathie und Mitgefühl können dazu beitragen, Spannungen abzubauen und eine harmonische Beziehung aufzubauen. Auf der anderen Seite können auch negative Emotionen, wie Frustration, Enttäuschung oder Wut, offen angesprochen werden. Diese Emotionen sind oft Indikatoren für unerfüllte Bedürfnisse oder Erwartungen und sollten nicht ignoriert oder unterdrückt werden. Vielmehr ist es wichtig, dass alle Beteiligten den Raum haben, ihre Gefühle auszudrücken, um die gesamte Komplexität des Konflikts zu erfassen.

Durch die offene Diskussion von Emotionen wird nicht nur die menschliche Seite des Konflikts angesprochen, sondern es entsteht auch ein Raum für tiefere Verbindungen und ein besseres Verständnis der Perspektiven der anderen. Emotionale Offenheit ermöglicht es den Beteiligten, ihre persönlichen Erfahrungen und Sichtweisen zu teilen, was oft zu einem Gefühl der Verbundenheit führt. Diese Verbindungen sind entscheidend, um ein gemeinsames Fundament zu schaffen, auf dem Lösungen entwickelt werden können. Wenn

Menschen sich emotional verbunden fühlen, sind sie eher bereit, Kompromisse einzugehen und gemeinsam nach Lösungen zu suchen.

Diese emotionale Offenheit kann maßgeblich dazu beitragen, eine Atmosphäre des Vertrauens zu schaffen, die für die Lösung von Konflikten unerlässlich ist. Vertrauen ermöglicht es den Beteiligten, sich verletzlich zu zeigen und ihre wahren Gedanken und Gefühle zu teilen, ohne Angst vor Verurteilung oder Ablehnung. In einem solchen Umfeld fühlen sich die Konfliktparteien ermutigt, offen über ihre Ängste, Sorgen und Hoffnungen zu sprechen, was die Grundlage für eine konstruktive Auseinandersetzung bildet.

Zusammengefasst ist konfrontatives Konfliktmanagement ein kraftvoller Ansatz, der, wenn er richtig angewendet wird, zu einer klaren, ehrlichen und konstruktiven Auseinandersetzung mit Konflikten führen kann. Es erfordert Mut und Engagement von allen Beteiligten, da das Teilen von Emotionen oft mit Risiken verbunden ist. Dennoch bietet dieser Ansatz die Möglichkeit, tiefgreifende Veränderungen und Lösungen zu erreichen, die über oberflächliche Vereinbarungen hinausgehen. Die Bereitschaft, sowohl positive als auch negative Emotionen zuzulassen und anzuerkennen, ist der Schlüssel zu einer effektiven Konfliktlösung, die nicht nur die aktuellen Differenzen adressiert, sondern auch langfristige Beziehungen stärkt und das Vertrauen zwischen den Beteiligten fördert.

2.2 Unterschied zwischen konfrontativem und kooperativem Konfliktmanagement

Während konfrontatives Konfliktmanagement auf direkte Auseinandersetzung und klare Kommunikation abzielt, verfolgt kooperatives Konfliktmanagement einen grundlegend anderen Ansatz. Beide Strategien haben ihre eigenen Merkmale und Zielsetzungen, die je nach Situation und den beteiligten Personen unterschiedliche Ergebnisse liefern können. Hier sind die Hauptunterschiede zwischen den beiden Ansätzen ausführlicher dargestellt:

Zielsetzung

Im konfrontativen Ansatz steht die Klärung und Lösung von Konfliktherden im Vordergrund. Hierbei liegt der Fokus darauf, die Ursachen eines Konflikts schnell zu identifizieren und Maßnahmen zu ergreifen, um die Differenzen zu beseitigen. Oftmals wird versucht, die Verantwortlichkeiten klar zuzuordnen und eine klare Lösung zu finden, die möglicherweise auch durch Machtverhältnisse oder die Durchsetzung von Positionen geprägt ist. Dies

kann in manchen Fällen zu schnellen Ergebnissen
führen, hat jedoch das Risiko, dass langfristige
Beziehungen und die Interessen aller Beteiligten nicht
ausreichend berücksichtigt werden.

Im Gegensatz dazu zielt der kooperative Ansatz darauf
ab, einvernehmliche Lösungen zu finden, die die
Interessen aller Beteiligten berücksichtigen. Hierbei
steht die Zusammenarbeit im Vordergrund, um ein
Ergebnis zu erzielen, das für alle akzeptabel ist. Der
kooperative Ansatz fördert die Idee, dass Konflikte
nicht nur als Probleme, sondern auch als Chancen für
Zusammenarbeit und Verständnis betrachtet werden
können. Das Ziel ist es, eine Win-Win-Situation zu
schaffen, in der alle Parteien von der Lösung
profitieren.

Kommunikationsstil

Der Kommunikationsstil im konfrontativen Ansatz ist
oft direkt und kann manchmal auch aggressiv sein.
Dies kann in Form von klaren, manchmal harten
Aussagen geschehen, die darauf abzielen, die eigene
Position zu verteidigen oder durchzusetzen. Solch ein
Kommunikationsstil kann zwar zu schnellen
Klärungen führen, birgt jedoch die Gefahr, dass die
emotionale Intensität die Diskussion eskalieren lässt
und zu weiteren Spannungen führt.

Im kooperativen Ansatz hingegen steht ein respektvoller, empathischer Dialog im Vordergrund. Die Beteiligten bemühen sich, einander zuzuhören und die Perspektiven der anderen zu verstehen, bevor sie ihre eigenen Meinungen äußern. Durch aktives Zuhören und respektvolle Kommunikation wird ein Raum geschaffen, in dem sich alle Parteien sicher fühlen, ihre Gedanken und Gefühle zu teilen. Diese Form der Kommunikation fördert nicht nur das Verständnis der unterschiedlichen Sichtweisen, sondern stärkt auch das Vertrauen zwischen den Beteiligten.

Konflikthandhabung

Konfrontatives Konfliktmanagement neigt dazu, Konflikte schnell und entschieden zu lösen. In vielen Fällen wird der Konflikt direkt angesprochen und es wird sofort nach Lösungen gesucht. Dies kann zwar effektiv sein, wenn es um die Beseitigung akuter Probleme geht, jedoch kann es auch dazu führen, dass tiefere Ursachen oder emotionale Aspekte des Konflikts übersehen werden. Die Herangehensweise ist oft kurzfristig orientiert und konzentriert sich auf unmittelbare Lösungen.

Im Gegensatz dazu erfordert kooperatives Konfliktmanagement Geduld und ist oft zeitaufwendiger. Der Prozess der Konsensfindung bedeutet, dass alle Beteiligten bereit sind, Zeit und

Mühe zu investieren, um gemeinsam eine Lösung zu erarbeiten. Dies kann die Durchführung mehrerer Gespräche und Verhandlungen erfordern, in denen die Interessen und Bedürfnisse aller Parteien umfassend berücksichtigt werden. Obwohl dieser Ansatz mehr Zeit in Anspruch nehmen kann, führt er häufig zu nachhaltigeren und stabileren Lösungen, die den Konflikt nicht nur oberflächlich lösen, sondern auch die Beziehung zwischen den Beteiligten stärken.

Emotionaler Umgang

Im konfrontativen Ansatz werden Emotionen oft offen ausgedrückt, was sowohl positive als auch negative Gefühle betreffen kann. Diese Offenheit kann dazu führen, dass Spannungen deutlich ans Licht kommen, was manchmal hilfreich sein kann, um die Ursachen eines Konflikts zu identifizieren. Gleichzeitig besteht jedoch die Gefahr, dass die Diskussion emotional eskaliert und die Beteiligten sich in ihren Positionen verhärten.

Im kooperativen Ansatz wird hingegen oft versucht, emotionale Spannungen zu minimieren und ein harmonisches Gesprächsklima zu schaffen. Hierbei wird Wert darauf gelegt, dass die Gespräche in einem respektvollen und unterstützenden Rahmen stattfinden, sodass sich alle Parteien wohlfühlen, ihre Gedanken und Gefühle zu äußern. Das Ziel ist es, eine Atmosphäre zu schaffen, in der die Beteiligten bereit sind, ihre Emotionen zu teilen, ohne dass dies zu einer weiteren Eskalation des Konflikts führt. Diese Herangehensweise fördert das Verständnis und die Empathie, was letztlich zu einer effektiveren Konfliktlösung beitragen kann.

Insgesamt zeigen diese Unterschiede, dass sowohl konfrontatives als auch kooperatives Konfliktmanagement ihre eigenen Stärken und Herausforderungen haben. Die Wahl des geeigneten Ansatzes hängt von der spezifischen Situation, den beteiligten Personen und den Zielen ab, die erreicht werden sollen.

2.3 Vor- und Nachteile der konfrontativen Methode

Wie jede Methode hat auch das konfrontative Konfliktmanagement sowohl Vor- als auch Nachteile, die in unterschiedlichen Kontexten unterschiedliche Auswirkungen auf die beteiligten Personen und die Dynamik des Konflikts haben können. Im Folgenden werden die Vorteile und Nachteile ausführlicher betrachtet.

Vorteile

1. Schnelligkeit:

Ein wesentlicher Vorteil des konfrontativen Konfliktmanagements ist die Schnelligkeit, mit der

Probleme angesprochen und potenziell gelöst werden können. In vielen Situationen erfordert die direkte Kommunikation, dass die Beteiligten ihre Ansichten und Anliegen ohne Umschweife äußern. Diese Herangehensweise reduziert die Wahrscheinlichkeit von Missverständnissen und fördert eine klare und prägnante Diskussion. Wenn Konflikte schnell identifiziert werden, können Lösungen zeitnah erarbeitet werden, was für die Aufrechterhaltung von Produktivität und Effizienz in Teams und Organisationen entscheidend sein kann. Insbesondere in akuten Situationen, in denen schnelle Entscheidungen getroffen werden müssen, kann dieser Ansatz äußerst vorteilhaft sein.

2. Klarheit:

Die offene Konfrontation ermöglicht eine klare Darstellung der Bedürfnisse, Wünsche und Grenzen aller Beteiligten. Durch die direkte Ansprache von Konflikten wird eine Atmosphäre geschaffen, in der die Kommunikation unmissverständlich und transparent ist. Dies führt nicht nur zu einer besseren Verständigung zwischen den Parteien, sondern auch zu einem tieferen Verständnis der jeweiligen Positionen. Die Klarheit, die durch diese Methode geschaffen wird, kann dazu beitragen, dass Missverständnisse und Unsicherheiten verringert werden, was letztendlich die Basis für eine effektive Problemlösung darstellt.

3. Wahrnehmung von Gerechtigkeit:

Ein weiterer Vorteil des konfrontativen Ansatzes ist die Möglichkeit, ein Gefühl von Gerechtigkeit und Fairness zu fördern. Durch die offene Thematisierung von Konflikten erhalten alle Beteiligten die Gelegenheit, ihre Perspektiven und Meinungen zu äußern. Dies kann dazu beitragen, dass sich alle Parteien gehört und respektiert fühlen, was die Akzeptanz von Entscheidungen und Lösungen erhöht. Wenn Menschen das Gefühl haben, dass ihre Anliegen ernst genommen werden und sie aktiv am Konfliktlösungsprozess beteiligt sind, sind sie oft zufriedener mit den Ergebnissen, selbst wenn diese nicht vollständig ihren ursprünglichen Erwartungen entsprechen.

Nachteile

1. Emotionale Eskalation:

Ein bedeutender Nachteil des konfrontativen Konfliktmanagements ist die Gefahr emotionaler Eskalation. Die direkte Konfrontation kann bei den Beteiligten intensive emotionale Reaktionen hervorrufen, die den Konflikt anstatt zu lösen, eher verschärfen. Wenn die Diskussion hitzig wird, können die Beteiligten dazu neigen, sich gegenseitig anzugreifen oder sich defensiv zu verhalten, was zu einer weiteren Vertiefung des Konflikts führen kann. Emotionale Eskalation kann auch dazu führen, dass rationale Überlegungen in den Hintergrund treten, was die Lösungsfindung erschwert.

2. Verletzte Beziehungen:

Wenn Konflikte nicht einfühlsam und respektvoll gehandhabt werden, besteht das Risiko, dass zwischen den Beteiligten Spannungen und Missverständnisse entstehen. Eine konfrontative Herangehensweise kann, wenn sie nicht richtig umgesetzt wird, Beziehungen nachhaltig schädigen. Insbesondere in langfristigen Arbeitsbeziehungen oder persönlichen Beziehungen kann eine unbedachte oder aggressive Konfrontation zu einem Zerwürfnis führen, das schwer zu reparieren ist. Die Verletzung von Vertrauen und Respekt kann dazu führen, dass die Zusammenarbeit in der Zukunft beeinträchtigt wird.

3. Risiko von Machtspielen:

In einem konfrontativen Rahmen besteht die Gefahr, dass Machtspiele ins Spiel kommen. Wenn eine Partei versucht, ihre Position durchzusetzen, kann dies zu einem Ungleichgewicht in der Kommunikation und im Entscheidungsprozess führen. Machtspiele können nicht nur die Dynamik des Konflikts verändern, sondern auch das Gefühl der Fairness und Gerechtigkeit beeinträchtigen. Wenn eine Partei die andere dominiert, kann dies dazu führen, dass die Interessen der weniger mächtigen Partei ignoriert oder nicht ausreichend berücksichtigt werden, was letztendlich die Lösung des Konflikts kompliziert und die Beziehungen weiter belastet.

Insgesamt ist das konfrontative Konfliktmanagement ein Ansatz, der sowohl Stärken als auch Schwächen aufweist. Die Entscheidung, diesen Ansatz zu wählen, sollte sorgfältig getroffen werden, wobei die spezifische Situation, die beteiligten Personen und die angestrebten Ziele in Betracht gezogen werden sollten. In manchen Kontexten kann die direkte Konfrontation sehr effektiv sein, während in anderen Fällen ein einfühlsamerer und kooperativer Ansatz möglicherweise die bessere Wahl darstellt.

2.4 Wann ist konfrontatives Konfliktmanagement sinnvoll?

Das konfrontative Konfliktmanagement ist ein Ansatz, der in bestimmten Kontexten besonders vorteilhaft sein kann. Es gibt mehrere Szenarien, in denen dieser methodische Ansatz als besonders sinnvoll erachtet wird, da er dazu beitragen kann, Konflikte effizient und zielgerichtet zu lösen. Im Folgenden werden einige dieser Situationen ausführlicher erläutert.

1. Dringlichkeit

In Krisensituationen oder bei akuten Problemen, die sofortige Aufmerksamkeit erfordern, ist eine schnelle und effektive Konfliktlösung entscheidend. Wenn beispielsweise ein Teammitglied in einem Projekt nicht die erforderlichen Leistungen erbringt und dies die gesamte Projektzeitlinie gefährdet, kann eine konfrontative Auseinandersetzung notwendig sein, um das Problem sofort zu adressieren. Hierbei ist es wichtig, dass alle Beteiligten schnell auf die Situation reagieren und klare, direkte Kommunikation pflegen, um Missverständnisse zu vermeiden und zeitnah Lösungen zu finden. Der Vorteil dieses Ansatzes liegt darin, dass er es ermöglicht, die Ursachen des Problems sofort auf den Tisch zu bringen und in einem klaren Dialog zu klären, was getan werden muss, um die Situation zu verbessern.

2. Klärung von Grenzen

Ein weiteres Szenario, in dem konfrontatives Konfliktmanagement besonders nützlich ist, ist die Notwendigkeit, klare Grenzen zu setzen. In vielen zwischenmenschlichen Beziehungen, sei es im beruflichen oder im privaten Bereich, kann es zu Unklarheiten kommen, die zu Spannungen und Missverständnissen führen. Wenn jemand beispielsweise wiederholt die Grenzen eines anderen verletzt, ist es unerlässlich, dass die betroffene Person direkt anspricht, wie sie sich fühlt und welche Grenzen für sie wichtig sind. Durch eine offene Konfrontation können solche Missverständnisse schnell ausgeräumt werden, sodass alle Beteiligten ein klares Verständnis davon haben, was akzeptabel ist und was nicht. Dies fördert nicht nur die persönliche Integrität, sondern auch das allgemeine Wohlbefinden innerhalb der Beziehungen.

3. Wiederholte Konflikte

Wenn ein Konflikt immer wieder auftritt und frühere Versuche, ihn zu lösen, gescheitert sind, wird es notwendig, die zugrunde liegenden Ursachen genauer zu untersuchen. In solchen Fällen kann konfrontatives Konfliktmanagement eine entscheidende Rolle spielen, indem es den Beteiligten die Möglichkeit gibt, offen über wiederkehrende Probleme zu sprechen. Oftmals sind es tiefere, nicht adressierte Themen oder unterschiedliche Erwartungen, die die Ursache für wiederkehrende Konflikte sind. Der konfrontative Ansatz ermöglicht es, diese Probleme direkt anzugehen und klare, ehrliche Gespräche über die Quellen des Konflikts zu führen. Dieser Prozess kann helfen, die wahren Ursachen zu identifizieren und nachhaltige Lösungen zu finden, die verhindern, dass das Problem erneut auftritt.

4. Unterschiedliche Interessen

In Situationen, in denen die Interessen der Beteiligten stark divergieren, kann eine klare Positionierung von entscheidender Bedeutung sein. Wenn beispielsweise ein Unternehmen mit unterschiedlichen Abteilungen konfrontiert ist, deren Ziele und Prioritäten nicht übereinstimmen, kann ein konfrontativer Ansatz dazu beitragen, dass alle Parteien ihre Standpunkte klar äußern und die jeweiligen Bedürfnisse und Erwartungen formulieren. Durch diese direkte Kommunikation wird sichergestellt, dass alle Stimmen gehört werden und dass ein konstruktiver Dialog stattfindet, der es ermöglicht, die unterschiedlichen Interessen in Einklang zu bringen. Dies kann nicht nur zur Lösung des aktuellen Konflikts beitragen, sondern auch die Zusammenarbeit und das Verständnis zwischen den Abteilungen langfristig verbessern.

Zusammenfassung

Kapitel 2 behandelt das konfrontative Konfliktmanagement als einen direkten und oft unverblümten Ansatz zur Konfliktlösung. Dieser Ansatz hebt sich durch eine offene Auseinandersetzung mit Konfliktursachen und -parteien ab und zielt darauf ab, Spannungen und Missverständnisse aktiv zu klären. Ein zentraler Aspekt dieses Ansatzes ist die direkte Kommunikation, die es den Konfliktparteien ermöglicht, ihre Standpunkte und Emotionen klar und unmissverständlich zu äußern. Dies fördert nicht nur ein besseres Verständnis der unterschiedlichen Perspektiven, sondern trägt auch dazu bei, Missverständnisse zu minimieren.

Ein weiteres wichtiges Merkmal des konfrontativen Konfliktmanagements ist der Fokus auf die Ursachen des Konflikts. Anstatt lediglich die Symptome zu behandeln, wird angestrebt, die tieferliegenden Probleme zu identifizieren und anzugehen. Dieser Ansatz erfordert oft eine gewisse emotionale Offenheit und die Bereitschaft zur Selbstreflexion, was dazu beiträgt, eine nachhaltige Lösung zu entwickeln, die über kurzfristige Erleichterungen hinausgeht.

Der konfrontative Ansatz wird von den Prinzipien der aktiven Auseinandersetzung und der emotionalen Offenheit geprägt. Während die direkte Konfrontation oft als unangenehm und herausfordernd wahrgenommen wird, bietet sie die Möglichkeit, festgefahrene Muster zu durchbrechen und eine produktive Diskussion zu ermöglichen. Emotionale Offenheit fördert zudem ein Klima des Vertrauens und der Verbundenheit, was für die Konfliktlösung unerlässlich ist.

Im Vergleich zu kooperativen Methoden, die auf Zusammenarbeit und Konsensfindung abzielen, verfolgt das konfrontative Konfliktmanagement das Ziel, Konflikte schnell und klar zu lösen. Dies kann in bestimmten Kontexten vorteilhaft sein, etwa in

Krisensituationen oder bei der Klärung von Grenzen. Dennoch birgt der konfrontative Ansatz auch Risiken, wie die Gefahr emotionaler Eskalation, verletzter Beziehungen und Machtspiele, die das Vertrauen und die Fairness beeinträchtigen können.

Die Vor- und Nachteile des konfrontativen Konfliktmanagements wurden ebenfalls ausführlich erörtert. Zu den Vorteilen zählen die Schnelligkeit der Problemlösung, die Klarheit in der Kommunikation und die Förderung eines Gerechtigkeitsgefühls. Auf der anderen Seite können emotionale Eskalationen und verletzte Beziehungen zu langfristigen negativen Auswirkungen führen.

Insgesamt zeigt das Kapitel, dass konfrontatives Konfliktmanagement ein kraftvoller Ansatz sein kann, wenn er richtig angewendet wird. Es erfordert jedoch Mut und Engagement von allen Beteiligten. Die Fähigkeit, sowohl positive als auch negative Emotionen offen zuzulassen, ist entscheidend für den Erfolg dieses Ansatzes. Der konfrontative Ansatz ist besonders sinnvoll in Situationen, die Dringlichkeit erfordern, bei unklaren Grenzen, bei wiederholten Konflikten sowie bei divergierenden Interessen. Entscheidend bleibt, dass die Wahl des Konfliktmanagementansatzes stets an die spezifische Situation und die Dynamik der beteiligten Personen angepasst werden sollte.

Kapitel 3: Die Phasen des konfrontativen Konfliktmanagements

Das konfrontative Konfliktmanagement ist ein strukturierter Ansatz zur Lösung von Konflikten, der in mehreren klar definierten Phasen abläuft. Dieser methodische Prozess ermöglicht es den Beteiligten, Konflikte nicht nur zu erkennen, sondern sie auch systematisch und effektiv zu bewältigen. Durch die Einhaltung dieser Phasen können die Parteien sicherstellen, dass ihre Anliegen gehört werden und dass sie in der Lage sind, konstruktive Lösungen zu finden. Die Phasen des konfrontativen Konfliktmanagements lassen sich in folgende Bereiche unterteilen: Vorbereitung auf die Konfrontation, Durchführung der Konfrontation und Nachbereitung sowie Follow-up-Maßnahmen. Jede dieser Phasen spielt eine entscheidende Rolle für den Erfolg des gesamten Prozesses und erfordert spezifische Strategien und Techniken.

3.1 Vorbereitung auf die Konfrontation

Die Vorbereitung ist eine der entscheidendsten Phasen im konfrontativen Konfliktmanagement. Sie legt den Grundstein für eine erfolgreiche Auseinandersetzung und kann entscheidend dafür sein, ob ein Konflikt konstruktiv gelöst werden kann oder ob er weiter eskaliert. Eine sorgfältige und umfassende Vorbereitung ermöglicht es den Beteiligten, die Konfliktdynamik besser zu verstehen und effektive Strategien zu entwickeln, um ihre Anliegen klar und respektvoll zu kommunizieren.

Analyse der Situation

Zu Beginn der Vorbereitung ist eine gründliche Analyse der Konfliktsituation erforderlich. Diese Analyse umfasst mehrere Schlüsselkomponenten, die helfen, die zugrunde liegenden Probleme, die beteiligten Parteien und die Dynamiken, die den Konflikt antreiben, zu verstehen. Eine effektive Analyse kann durch folgende Schritte erfolgen:

1. **Identifikation der Konfliktursachen**: Die Konfliktparteien sollten herausfinden, was genau den Konflikt ausgelöst hat. Dazu gehört es, die spezifischen Ereignisse oder Verhaltensweisen zu identifizieren, die zu Spannungen geführt haben. Beispielsweise könnte ein Teammitglied unzufrieden mit der Arbeitslast seines Kollegen sein, weil es den Eindruck hat, dass dieser seine Aufgaben nicht ernst nimmt und ständig Deadlines verpasst. Hier wäre es wichtig, die genauen Gründe für die Unzufriedenheit zu erfassen, wie etwa fehlende Kommunikation, unklare

Erwartungen oder individuelle Arbeitsstile. Eine schriftliche Dokumentation dieser Ursachen kann helfen, Klarheit zu schaffen und Missverständnisse zu vermeiden.

2. **Verstehen der Perspektiven**: Es ist wichtig, die Sichtweisen aller Beteiligten zu verstehen. Jeder Konflikt hat unterschiedliche Facetten, und eine Person könnte die Situation ganz anders wahrnehmen. Der Kollege, der die Deadlines verpasst, könnte beispielsweise durch persönliche Probleme belastet sein, die seine Leistungsfähigkeit beeinträchtigen. Um die Perspektiven zu verstehen, kann es hilfreich sein, informelle Gespräche zu führen oder sich in die Lage der anderen Partei zu versetzen. Empathie spielt hier eine Schlüsselrolle, da sie es ermöglicht, die Emotionen und Motivationen der anderen Partei zu berücksichtigen.

3. **Kontext und Rahmenbedingungen analysieren**: Die Rahmenbedingungen, wie z.B. die Teamkultur, die hierarchischen Strukturen oder externe Druckfaktoren, sollten ebenfalls betrachtet werden. In einem Unternehmen, das unter hohem Zeitdruck steht, könnten Stress und Überlastung die Konfliktdynamik verschärfen. Hierbei ist es

wichtig, die Einflussfaktoren zu identifizieren, die die Konfliktsituation möglicherweise verstärken oder entschärfen können. Eine Analyse der Teamdynamik, der Kommunikationswege und der bisherigen Konfliktlösungsansätze kann ebenfalls wertvolle Erkenntnisse liefern.

Zielsetzung und Strategieentwicklung

Nachdem die Situation analysiert wurde, sollten die Konfliktparteien klare Ziele für die Konfrontation festlegen. Diese Zielsetzung ist entscheidend für die Ausrichtung der Diskussion und sollte realistisch und erreichbar sein:

1. **Ziele definieren**: Was möchten die Beteiligten durch die Konfrontation erreichen? Mögliche Ziele könnten die Klärung von Missverständnissen, das Setzen von klaren Grenzen oder die Entwicklung gemeinsamer Lösungen sein. Ein Beispiel wäre, dass beide Parteien eine Vereinbarung über die Arbeitslast und die Deadlines treffen möchten, um zukünftige Konflikte zu vermeiden. Es kann hilfreich sein, die Ziele schriftlich festzuhalten, um sie während der Konfrontation als Leitfaden zu verwenden.

2. **Strategie entwickeln**: Die Strategie umfasst, wie die Konfrontation durchgeführt werden soll. Hierbei sollten die Beteiligten überlegen, welche Kommunikationsstrategien und Techniken am besten geeignet sind, um das Ziel zu erreichen. Beispielsweise könnte eine Strategie sein, ein persönliches Gespräch in einem neutralen Umfeld zu vereinbaren, um eine offene und ehrliche Diskussion zu ermöglichen. Die Auswahl des richtigen Zeitpunkts ist ebenfalls wichtig, um sicherzustellen, dass alle Parteien emotional bereit sind, sich dem Konflikt zu stellen.

3. **Rollen und Verantwortlichkeiten klären**: Wer übernimmt welche Rolle während der Konfrontation? Es ist sinnvoll, die Rollen im Voraus zu klären, um Missverständnisse zu vermeiden. Ist es sinnvoll, eine dritte Partei oder einen Mediator hinzuzuziehen, um die Diskussion zu leiten? Ein Mediator kann helfen, eine neutrale Perspektive einzubringen und dafür zu sorgen, dass die Diskussion respektvoll und produktiv verläuft. Die Klärung der Rollen und Verantwortlichkeiten trägt dazu bei, dass alle Beteiligten sich wohlfühlen und sich auf die Lösung des Konflikts konzentrieren können.

Durch eine gründliche Vorbereitung wird nicht nur das Vertrauen zwischen den Konfliktparteien gestärkt, sondern auch die Wahrscheinlichkeit erhöht, dass die Auseinandersetzung konstruktiv verläuft und zu einer nachhaltigen Lösung führt.

3.2 Durchführung der Konfrontation

In dieser Phase wird die vorbereitete Strategie in die Tat umgesetzt. Die Durchführung der Konfrontation ist ein kritischer Schritt im Konfliktmanagement, da hier die Vorbereitungen und Strategien in die Realität umgesetzt werden. Es ist wichtig, dass die Teilnehmer die richtigen Kommunikationsstrategien anwenden und Techniken zur Deeskalation beherrschen, um eine konstruktive Lösung zu finden und eine Eskalation des Konflikts zu vermeiden.

Kommunikationsstrategien

1. **Direkte und klare Kommunikation**:

    Eine der grundlegendsten Kommunikationsstrategien im Konfliktmanagement ist die direkte und klare Kommunikation der eigenen Standpunkte und Bedürfnisse. In vielen Konfliktsituationen entstehen Missverständnisse und Spannungen oft dadurch, dass die Beteiligten nicht offen über ihre Gefühle und Anliegen sprechen. Unklare oder indirekte Aussagen können leicht falsch interpretiert werden, was zu weiteren Konflikten oder einer Eskalation der Situation führen kann. Daher ist es von entscheidender Bedeutung, dass alle Beteiligten die Möglichkeit haben, ihre Sichtweise klar und unmissverständlich zu äußern.

Bedeutung der Klarheit

Klarheit in der Kommunikation ist essenziell, um sicherzustellen, dass alle Parteien die gleiche Basis haben und verstehen, worum es in der Diskussion geht. Wenn jemand beispielsweise in vagen oder allgemein gehaltenen Begriffen spricht, können andere die Aussage unterschiedlich interpretieren, was zu Verwirrung führt. Stattdessen sollten die Beteiligten spezifische Punkte ansprechen, um eine gemeinsame Grundlage für das Gespräch zu schaffen. Dies trägt dazu bei, das Vertrauen zwischen den Parteien zu stärken und die Wahrscheinlichkeit einer Einigung zu erhöhen.

Verwendung spezifischer Beispiele

Ein zentraler Aspekt der direkten Kommunikation ist die Verwendung spezifischer Beispiele. Anstatt allgemein zu kritisieren oder Vorwürfe zu äußern, sollte das Teammitglied konkrete Situationen oder Verhaltensweisen beschreiben, die zu seinem Unwohlsein führen. Dies hilft, die Diskussion auf die tatsächlichen Probleme zu lenken, anstatt auf persönliche Angriffe oder emotionale Reaktionen. Zum Beispiel könnte ein Teammitglied sagen: „Ich fühle mich überlastet, weil ich das Gefühl habe, dass du deine Aufgaben nicht rechtzeitig erledigst." Diese Aussage ist nicht nur direkt, sondern bietet auch einen klaren Kontext, der dem anderen hilft, die Ursache des Problems zu verstehen.

Einbeziehung persönlicher Gefühle

Darüber hinaus ist es wichtig, persönliche Gefühle in die Kommunikation einzubeziehen. Indem man seine Emotionen offenbart, zeigt man, dass man nicht nur ein Problem mit dem Verhalten des anderen hat, sondern dass dieses Verhalten tatsächlich Auswirkungen auf das eigene Wohlbefinden hat. Wenn das Teammitglied sagt: „Das hat Auswirkungen auf meine Arbeit, da ich oft auf deine Ergebnisse warten muss, um meine eigenen Aufgaben abschließen zu können", verdeutlicht es, wie das Handeln des anderen die eigene Leistung und das persönliche Empfinden beeinflusst. Dies fördert das Verständnis und die Empathie zwischen den Beteiligten, da es die menschliche Dimension des Konflikts hervorhebt.

Raum für gemeinsame Lösungsfindung schaffen

Diese Art der Kommunikation öffnet zudem den Raum für eine gemeinsame Lösungsfindung. Indem die eigenen Bedürfnisse und Gefühle klar artikuliert werden, wird das Gegenüber ermutigt, ebenfalls offen über seine Sichtweise zu sprechen. Dies schafft eine Atmosphäre des Dialogs, in der beide Parteien bereit sind, zuzuhören und gemeinsam nach Lösungen zu suchen. So könnte das Gespräch weitergeführt werden, indem das Teammitglied fragt: „Wie können wir sicherstellen, dass wir beide unsere Aufgaben rechtzeitig erledigen können?" Auf diese Weise wird der Fokus nicht nur auf das Problem gelegt, sondern auch auf die Möglichkeit der Zusammenarbeit zur Verbesserung der Situation.

Insgesamt ist die direkte und klare Kommunikation eine unverzichtbare Strategie in der Konfliktbewältigung. Sie trägt dazu bei, Missverständnisse zu vermeiden, emotionale Reaktionen zu steuern und eine konstruktive Atmosphäre zu schaffen, in der Lösungen entwickelt werden können. Indem jeder Beteiligte seine Standpunkte und Bedürfnisse klar äußert, wird nicht nur das Verständnis gefördert, sondern auch das Vertrauen zwischen den Parteien gestärkt, was letztlich zur Lösung des Konflikts führt.

2. **Aktives Zuhören**:

Ein weiterer wesentlicher Aspekt der Kommunikation in Konfliktsituationen ist das aktive Zuhören. Diese Technik geht weit über das bloße Hören der Worte des anderen hinaus; sie erfordert eine bewusste und engagierte Teilnahme am Gespräch. Aktives Zuhören bedeutet, dem Gegenüber die volle Aufmerksamkeit zu schenken, sowohl verbal als auch nonverbal, und die Informationen, die vermittelt werden, vollständig aufzunehmen. Diese Praxis fördert nicht nur das gegenseitige Verständnis, sondern signalisiert auch Respekt und Wertschätzung für die Perspektive des anderen.

Die Komponenten des aktiven Zuhörens

Aktives Zuhören umfasst mehrere Schlüsselkomponenten. Zunächst ist es wichtig, Blickkontakt zu halten und eine offene Körperhaltung einzunehmen. Dies zeigt dem Sprecher, dass man interessiert ist und bereit ist, zuzuhören. Zudem ist es hilfreich, verbale Rückmeldungen zu geben, wie zum Beispiel Nicken oder kurze Bestätigungen wie „Ich verstehe" oder „Das macht Sinn". Diese Rückmeldungen ermutigen den anderen, seine Gedanken weiter auszudrücken und vermitteln das Gefühl, dass das Gesagte wertgeschätzt wird.

Ein weiteres wichtiges Element des aktiven Zuhörens ist das Reflektieren. Dies bedeutet, dass man die Aussagen des anderen in eigenen Worten zusammenfasst oder paraphrasiert, um sicherzustellen, dass man sie richtig verstanden hat. Ein Beispiel wäre: „Wenn ich dich richtig verstehe, sagst du, dass du dich wegen der vielen Aufgaben überfordert fühlst." Diese

Technik hilft nicht nur dabei, Missverständnisse zu klären, sondern zeigt auch, dass man sich wirklich bemüht, die Perspektive des anderen zu erfassen.

Förderung einer offenen Gesprächsatmosphäre

Ein Beispiel für aktives Zuhören könnte sein, nach dem Äußern der eigenen Sichtweise zu sagen: „Ich verstehe, dass du viel Stress hast, und ich möchte wissen, wie wir das gemeinsam lösen können." Diese Aussage tut mehr, als nur die Sorgen des anderen anzuerkennen; sie eröffnet auch den Raum für eine konstruktive Diskussion über mögliche Lösungen. Indem man die Gefühle und Sorgen des anderen anerkennt, wird eine offene und vertrauensvolle Gesprächsatmosphäre geschaffen. Diese Atmosphäre erhöht die Wahrscheinlichkeit, dass beide Parteien bereit sind, aufeinander zuzugehen und gemeinsame Lösungen zu finden.

Ich-Botschaften nutzen

Um eine respektvolle und konstruktive Kommunikation zu fördern, ist der Einsatz von Ich-Botschaften von zentraler Bedeutung. Ich-Botschaften sind eine Form der Kommunikation, die es ermöglicht, die eigenen Gefühle und Bedürfnisse auszudrücken, ohne den anderen anzugreifen oder in die Defensive zu drängen. Sie helfen, persönliche Emotionen klar zu kommunizieren und tragen dazu bei, Missverständnisse und Konflikte zu vermeiden.

Die Struktur von Ich-Botschaften

Eine Ich-Botschaft besteht typischerweise aus drei Teilen: der Beschreibung des Verhaltens, das ein Problem darstellt, der eigenen emotionalen Reaktion auf dieses Verhalten und dem Wunsch oder der Bitte, die Situation zu verbessern. Ein Beispiel könnte sein: „Ich fühle mich frustriert, wenn Deadlines nicht eingehalten werden, weil ich dann unter Druck gerate, meine Arbeit rechtzeitig abzuschließen." Diese Formulierung legt den Fokus auf das eigene Empfinden und vermeidet Vorwürfe. Anstatt den anderen zu beschuldigen, wird die eigene Perspektive klar und verständlich kommuniziert.

Vorteile der Ich-Botschaften

Durch die Verwendung von Ich-Botschaften wird die Wahrscheinlichkeit verringert, dass der andere sich angegriffen oder beschuldigt fühlt. Dies ist besonders wichtig in Konfliktsituationen, wo Emotionen hochkochen können. Wenn der andere nicht in die

Defensive gedrängt wird, ist er eher bereit, zuzuhören und auf das Gesagte zu reagieren. Dies fördert eine respektvolle und offene Kommunikation, die die Basis für eine konstruktive Diskussion bildet.

Zusammenfassend lässt sich sagen, dass aktives Zuhören und die Verwendung von Ich-Botschaften zentrale Elemente einer erfolgreichen Kommunikation in Konfliktsituationen sind. Beide Techniken tragen dazu bei, Missverständnisse zu reduzieren, empathische Verbindungen aufzubauen und eine Atmosphäre der Zusammenarbeit und des Respekts zu schaffen. Indem man sowohl die Perspektive des anderen wertschätzt als auch die eigenen Gefühle klar und respektvoll kommuniziert, kann man effektiver auf Konflikte reagieren und gemeinsam Lösungen finden.

Techniken der Deeskalation

Beruhigende Sprache verwenden:

In Konfliktsituationen spielt die Wahl der Worte eine entscheidende Rolle bei der Deeskalation von Spannungen und der Förderung eines konstruktiven Dialogs. Eine ruhige und respektvolle Sprache kann die emotionale Intensität eines Konflikts erheblich reduzieren und dazu beitragen, eine

Atmosphäre des Verständnisses und der Kooperation zu schaffen. Der bewusste Einsatz von beruhigenden Worten und Formulierungen kann nicht nur die Stimmung im Gespräch verbessern, sondern auch dazu führen, dass beide Parteien offener für Lösungen sind.

Die Wirkung von Worten

Worte haben eine starke Wirkung auf unsere Emotionen und die Dynamik eines Gesprächs. In hitzigen Momenten können aggressive oder konfrontative Formulierungen die Situation weiter anheizen und zu Missverständnissen führen. Im Gegensatz dazu können beruhigende Formulierungen dazu beitragen, Spannungen abzubauen und das Gespräch in eine positive Richtung zu lenken. Sätze wie „Lass uns gemeinsam nach einer Lösung suchen" oder „Ich möchte, dass wir beide zufrieden sind" signalisieren, dass beide Parteien an einer kooperativen Lösung interessiert sind. Diese Art der Kommunikation fördert das Gefühl, dass man im selben Team arbeitet, anstatt sich in gegnerischen Lagern zu befinden.

Beispiele für beruhigende Formulierungen

Beruhigende Sprache kann in verschiedenen Formen auftreten. Hier sind einige Beispiele, wie man eine respektvolle und konstruktive Ausdrucksweise in Konfliktsituationen nutzen kann:

Einfühlsame Bestätigung: „Ich kann verstehen, dass dies für dich frustrierend ist." Diese Bestätigung zeigt, dass man die Gefühle des anderen ernst nimmt und bereit ist, sich in seine Lage zu versetzen.

Kooperative Vorschläge: „Lass uns gemeinsam überlegen, wie wir diese Herausforderung angehen können." Durch die Betonung der Zusammenarbeit wird eine positive Atmosphäre geschaffen, die den Fokus auf Lösungen lenkt.

Positive Absichten betonen: „Mir ist es wichtig, dass wir beide mit dem Ergebnis zufrieden sind." Diese Formulierung zeigt, dass das Ziel des Gesprächs nicht der Sieg über den anderen ist, sondern das Streben nach einer für beide Seiten akzeptablen Lösung.

Beruhigende Fragen stellen: „Wie können wir das gemeinsam lösen?" Anstatt den anderen zu beschuldigen oder zu kritisieren, wird hier eine offene Frage gestellt, die zur Zusammenarbeit anregt.

Die Bedeutung der Tonlage und Körpersprache

Neben der Wortwahl, ist auch die Tonlage und Körpersprache entscheidend, wenn es darum geht, eine beruhigende Wirkung zu erzielen. Ein ruhiger, sanfter Ton kann viel dazu beitragen, dass sich der Gesprächspartner sicher und respektiert fühlt. Auch eine offene Körperhaltung, wie das Vermeiden von verschränkten Armen und ein freundlicher Gesichtsausdruck, unterstützt die positive Wirkung der Worte.

Der Einfluss auf die Gesprächsatmosphäre

Eine positive Ausdrucksweise kann oft dazu beitragen, die Emotionen zu beruhigen und das Gespräch in eine produktive Richtung zu lenken. Wenn beide Parteien spüren, dass der andere an einer Lösung interessiert ist und respektvoll miteinander umgeht, entsteht eine Atmosphäre des Vertrauens. In einem solchen Umfeld sind die Gesprächspartner eher bereit, zuzuhören, Verständnis zu zeigen und Kompromisse einzugehen.

Zusammenfassend lässt sich sagen, dass die Verwendung von beruhigender Sprache ein effektives Mittel ist, um Konflikte zu deeskalieren und eine kooperative Gesprächsatmosphäre zu schaffen. Durch die bewusste Wahl von Worten, Tonlage und Körpersprache können Konfliktparteien dazu beitragen, Spannungen abzubauen und den Weg für eine konstruktive und lösungsorientierte Diskussion zu ebnen. In der Praxis führt eine solche Herangehensweise nicht nur zu besseren Ergebnissen, sondern auch zu einer Stärkung der zwischenmenschlichen Beziehungen.

Pausen einlegen:

In Konfliktsituationen kann es vorkommen, dass die Diskussion hitzig wird und die Emotionen hochkochen. Wenn dies geschieht, ist es oft sinnvoll, eine kurze Pause einzulegen. Diese Unterbrechung kann eine wertvolle Strategie sein, um die Dynamik des Gesprächs zu verändern und allen Beteiligten die Gelegenheit zu geben, sich zu beruhigen und ihre Gedanken zu sammeln. Die Entscheidung, eine Pause einzulegen, sollte nicht als Zeichen von Schwäche oder Versagen angesehen werden, sondern vielmehr als ein aktiver Schritt zur Förderung einer konstruktiven Kommunikation.

Die Vorteile einer Pause

Eine kurze Pause bietet zahlreiche Vorteile:

Emotionsregulation: In emotional aufgeladenen Situationen neigen Menschen dazu, impulsiv zu reagieren. Eine Pause gibt den Beteiligten die Möglichkeit, ihre Gefühle zu regulieren und ihre Gedanken zu sortieren. Dies kann dazu beitragen, dass sie weniger reaktiv und mehr reflektiert auf die Situation reagieren, wenn das Gespräch fortgesetzt wird.

Klarheit gewinnen: Während der Pause können die Gesprächspartner über ihre eigenen Positionen nachdenken und klären, was sie wirklich sagen möchten. Dies führt oft dazu, dass sie ihre Argumente präziser formulieren und besser auf die Perspektive des anderen eingehen können.

Vermeidung impulsiver Reaktionen: Emotionen können dazu führen, dass man Dinge sagt oder tut, die man später bereut. Eine Pause ermöglicht es, solche impulsiven

Reaktionen zu vermeiden und stattdessen mit Bedacht zu handeln. Dies kann entscheidend sein, um die Beziehung zwischen den Parteien nicht unnötig zu belasten.

Entspannung der Atmosphäre: Oft kann eine kurze Unterbrechung dazu beitragen, die angespannte Atmosphäre zu entspannen. Wenn die Beteiligten etwas Abstand gewinnen, kann sich die Stimmung abkühlen, was zu einem produktiveren Dialog führen kann, wenn das Gespräch fortgesetzt wird.

Praktische Umsetzung einer Pause

Die Umsetzung einer Pause sollte klar und respektvoll kommuniziert werden. Es ist wichtig, den anderen Beteiligten zu erklären, warum eine Pause sinnvoll ist, anstatt sie abrupt zu unterbrechen. Eine mögliche Formulierung könnte sein: „Ich merke, dass wir beide sehr emotional sind. Wie wäre es, wenn wir eine kurze Pause einlegen, um durchzuatmen und unsere Gedanken zu sortieren?"

Die Dauer der Pause sollte ebenfalls festgelegt werden, um sicherzustellen, dass sie nicht zu einer Flucht aus dem Konflikt wird. Ein Zeitraum von fünf bis zehn Minuten ist oft ausreichend, um frische Luft zu schnappen und sich zu sammeln. Während dieser Zeit können die Gesprächspartner auch einen kurzen Spaziergang machen, tief durchatmen oder sich einfach in einen ruhigen Raum zurückziehen, um die Gedanken zu ordnen.

Nach der vereinbarten Pause ist es wichtig, das Gespräch wieder aufzunehmen und die Diskussion konstruktiv fortzusetzen. Es kann hilfreich sein, den Dialog mit einer kurzen Zusammenfassung der vorherigen Punkte zu beginnen, um den Faden wieder aufzunehmen und sicherzustellen, dass alle Beteiligten auf dem gleichen Stand sind. Eine positive und respektvolle Atmosphäre kann durch Formulierungen wie „Ich schätze, dass wir uns die Zeit genommen haben, um nachzudenken. Lassen Sie uns jetzt weiterreden" gefördert werden.

Zusammenfassend lässt sich sagen, dass das Einlegen einer kurzen Pause in hitzigen Diskussionen eine effektive Methode ist, um die Emotionen zu beruhigen und die Gesprächspartner dazu zu ermutigen, über die Situation nachzudenken. Diese Strategie trägt dazu bei, impulsive Reaktionen zu vermeiden und die Diskussion auf eine sachlichere Ebene zu bringen. Durch eine bewusste und respektvolle Handhabung von Pausen können Konflikte konstruktiv gelöst und zwischenmenschliche Beziehungen gestärkt werden.

Kompromissbereitschaft zeigen:

Kompromissbereitschaft ist ein zentrales Element in der Konfliktbewältigung und spielt eine entscheidende Rolle bei der Deeskalation von Spannungen zwischen den Parteien. Wenn Konflikte auftreten, kann es leicht zu einer verhärteten Haltung kommen, bei der jede Seite auf ihrer Position beharrt. Die Bereitschaft, auf den anderen zuzugehen und flexibel zu denken, kann jedoch entscheidend dazu beitragen, die Atmosphäre von Konfrontation zu einer kooperativen und lösungsorientierten Diskussion zu verändern.

Die Bedeutung von Kompromissbereitschaft

Kompromissbereitschaft bedeutet, dass beide Parteien erkennen, dass es nicht immer möglich ist, ihre eigenen Vorstellungen und Wünsche in vollem Umfang durchzusetzen. Stattdessen sind sie bereit, bestimmte

Zugeständnisse zu machen, um einen gemeinsamen Nenner zu finden. Diese Offenheit signalisiert, dass beide Seiten an einer Lösung interessiert sind, die für alle akzeptabel ist, und nicht an einem Sieg über den anderen. Ein solcher Ansatz fördert nicht nur ein Gefühl der Zusammenarbeit, sondern hilft auch, Vertrauen aufzubauen, was für die langfristige Beziehung zwischen den Parteien von entscheidender Bedeutung ist.

Praktische Umsetzung von Kompromissbereitschaft

Die Umsetzung von Kompromissbereitschaft kann auf verschiedene Weise erfolgen:

Aktives Zuhören: Um zu verstehen, wo die Grenzen und Bedürfnisse des anderen liegen, ist aktives Zuhören unerlässlich. Wenn jede Partei dem anderen aufmerksam zuhört, entsteht ein besseres Verständnis für die Perspektive des Gegenübers. Dadurch wird die Bereitschaft gefördert, eigene Positionen zu überdenken.

Offene Kommunikation: Es ist wichtig, offen über die eigenen Bedürfnisse und Wünsche zu sprechen. Eine

Person könnte sagen: „Ich verstehe, dass du einen strengen Zeitplan hast, aber ich brauche mehr Zeit, um die Qualität meiner Arbeit sicherzustellen." Solche klaren Aussagen ermöglichen es dem anderen, die eigenen Anforderungen besser zu verstehen und darauf zu reagieren.

Flexibilität zeigen: Kompromissbereitschaft erfordert auch Flexibilität. Das bedeutet, dass man bereit ist, alternative Lösungen in Betracht zu ziehen, die vielleicht nicht die ursprünglichen Vorstellungen widerspiegeln, aber dennoch akzeptabel sind. Zum Beispiel könnte eine Person sagen: „Ich bin bereit, meine Arbeitsweise zu ändern, wenn du bereit bist, deine Deadlines einzuhalten." Diese Art von Formulierung zeigt, dass man bereit ist, sich zu bewegen, um eine für beide Seiten akzeptable Lösung zu finden.

Kreative Lösungsansätze: Manchmal kann es hilfreich sein, außerhalb der gewohnten Denkmuster nach Lösungen zu suchen. Indem beide Parteien gemeinsam brainstormen und kreative Ansätze in Betracht ziehen, können sie neue Wege finden, die Bedürfnisse beider Seiten zu erfüllen. Dies könnte beispielsweise bedeuten, dass man ein neues System zur Aufgabenverteilung eingeführt, das den Anforderungen beider Seiten gerecht wird.

Der Einfluss von Kompromissbereitschaft auf die Konfliktdynamik

Wenn beide Parteien Kompromissbereitschaft zeigen, kann dies die Dynamik des Konflikts erheblich verändern. Anstatt in einer Konfrontation gefangen zu bleiben, in der jede Seite versucht, ihre Position durchzusetzen, wird der Fokus auf das Finden einer gemeinsamen Lösung verlagert. Diese Veränderung der Perspektive kann die Gesprächsatmosphäre entspannen und die emotionale Intensität des Konflikts verringern.

Eine kooperative Haltung fördert nicht nur das Verständnis und den Respekt zwischen den Parteien, sondern kann auch dazu führen, dass Lösungen gefunden werden, die beiden Seiten Vorteile bieten. Wenn beispielsweise eine Person bereit ist, ihre Arbeitsweise zu ändern, um den Bedürfnissen des anderen entgegenzukommen, kann dies zu einer produktiveren Zusammenarbeit führen und letztlich die Beziehung stärken.

Zusammenfassend lässt sich sagen, dass Kompromissbereitschaft eine Schlüsseltechnik zur Deeskalation von Konflikten darstellt. Durch die Bereitschaft, die eigenen Positionen zu überdenken und flexible Lösungen in Betracht zu ziehen, wird eine Atmosphäre geschaffen, die den Dialog erleichtert und es beiden Parteien ermöglicht, gemeinsame Lösungen zu finden. Diese Offenheit und Flexibilität sind entscheidend, um Konflikte konstruktiv zu lösen und langfristige Beziehungen zu fördern. Indem beide Seiten zeigen, dass sie an einer Lösung interessiert sind, die für alle akzeptabel ist, wird ein kooperativer Geist gefördert, der die Grundlage für eine positive und produktive Kommunikation bildet.Insgesamt ist die Durchführung der Konfrontation ein Prozess, der Geduld, Empathie und die Fähigkeit erfordert, aufeinander zuzugehen. Durch den Einsatz der oben genannten Kommunikationsstrategien und Deeskalationstechniken können die Beteiligten dazu beitragen, den Konflikt zu entschärfen und eine positive Basis für eine Lösung zu schaffen.

3.3 Nachbereitung und Follow-up

Nach der Durchführung einer Konfrontation ist es von entscheidender Bedeutung, einen Reflexionsprozess einzuleiten, um die Ergebnisse der Auseinandersetzung gründlich zu analysieren und

Maßnahmen zu ergreifen, die zukünftige Konflikte minimieren können. Diese Reflexion ermöglicht es den Beteiligten, aus ihren Erfahrungen zu lernen und die Kommunikation sowie das Zusammenarbeiten in der Zukunft zu verbessern.

Reflexion der Ergebnisse

Die Reflexion der Ergebnisse kann in verschiedene Schritte unterteilt werden, die den Beteiligten helfen, die Dynamik der Konfrontation zu verstehen und wertvolle Erkenntnisse zu gewinnen.

Bewertung des Gesprächs:

Nach der Konfrontation sollten alle Beteiligten die Gelegenheit nutzen, das Gespräch im Nachhinein zu bewerten. Dieser Prozess kann durch gezielte Fragen strukturiert werden, die es den Teilnehmern ermöglichen, ihre Erfahrungen und Wahrnehmungen zu teilen. Einige hilfreiche Fragen könnten sein:

- o **„Haben wir unsere Ziele erreicht?"** Diese Frage hilft zu klären, ob die angestrebten Ergebnisse tatsächlich erzielt wurden oder ob noch ungelöste Probleme bestehen. Es ist wichtig, konkret zu evaluieren, ob die vereinbarten Maßnahmen umgesetzt wurden und ob sie den gewünschten Effekt hatten.

- o **„Wie haben wir uns während des Gesprächs gefühlt?"** Emotionen spielen eine wesentliche Rolle in der Kommunikation. Diese Frage ermutigt die Beteiligten, ihre Gefühle während des Gesprächs zu artikulieren, was zu einem besseren Verständnis der zwischenmenschlichen Dynamik beiträgt. Es kann aufschlussreich sein zu erfahren, ob sich jemand während der Diskussion missverstanden, frustriert oder sogar bestärkt gefühlt hat.

- o **„Was lief gut, und was könnte verbessert werden?"** Diese Frage fördert eine konstruktive Analyse der Stärken und Schwächen des Gesprächs. Indem die Teilnehmer positive Aspekte hervorheben, können sie diese in zukünftigen Diskussionen beibehalten, während sie gleichzeitig Schwächen identifizieren, die möglicherweise zu Missverständnissen oder Spannungen geführt haben.

Feedback einholen:

Um ein umfassenderes Bild der Situation zu erhalten, ist es ratsam, aktiv Feedback von den anderen

Beteiligten einzuholen. Die Meinungen und Perspektiven der anderen können wertvolle Einsichten liefern, die den eigenen Blickwinkel erweitern. Hier sind einige Ansätze, um Feedback zu sammeln:

- **Direkte Fragen stellen**: Eine Möglichkeit, Feedback zu erhalten, ist, gezielte Fragen an die Kollegen zu richten, wie zum Beispiel: „Wie hast du die Diskussion erlebt? Fühlst du, dass wir Fortschritte gemacht haben?" Solche Fragen laden die anderen ein, ihre Gedanken und Gefühle zu teilen, und zeigen, dass ihre Meinungen wertgeschätzt werden.

- **Anonyme Umfragen**: In manchen Fällen kann es hilfreich sein, anonyme Umfragen oder Feedback-Formulare zu verwenden, um ehrliche und unvoreingenommene Rückmeldungen zu erhalten. Anonymität kann dazu führen, dass sich die Beteiligten sicherer fühlen, ihre Meinungen offen zu äußern, insbesondere wenn es um kritische Punkte geht.

- **Gespräche in kleinen Gruppen**: Manchmal kann es hilfreich sein, kleinere Gruppengespräche zu führen, um eine offenere Diskussion zu fördern. In einem weniger formellen Rahmen können die Beteiligten ehrlicher über ihre Erfahrungen sprechen und neue Perspektiven austauschen.

Maßnahmen zur Vermeidung zukünftiger Konflikte

Um zukünftige Konflikte zu vermeiden, ist es wichtig, proaktive Maßnahmen zu ergreifen, die auf den Ergebnissen der Reflexion basieren. Diese Maßnahmen sollten darauf abzielen, die Kommunikation zu verbessern, klare Erwartungen zu setzen und die Fähigkeiten der Teammitglieder im Umgang mit Konflikten zu stärken. Im Folgenden werden die einzelnen Maßnahmen ausführlicher erläutert.

Gemeinsame Vereinbarungen treffen:

Basierend auf den Ergebnissen der Reflexion ist es entscheidend, dass die Beteiligten gemeinsam Vereinbarungen treffen, die als Leitfaden für die zukünftige Zusammenarbeit dienen. Diese Vereinbarungen sollten spezifisch, messbar und für alle Beteiligten nachvollziehbar sein. Mögliche Inhalte könnten sein:

Regelmäßige Check-ins: Die Einführung von wöchentlichen oder monatlichen Meetings, in denen die Teammitglieder den Fortschritt ihrer Projekte besprechen, Herausforderungen identifizieren und

Lösungen erarbeiten können. Diese Treffen bieten nicht nur eine Plattform zur Diskussion aktueller Themen, sondern fördern auch ein Gefühl der Zusammenarbeit und des gemeinsamen Engagements.

Klare Erwartungen an die Arbeitslast: Es ist wichtig, dass alle Teammitglieder ein gemeinsames Verständnis über die Verteilung der Aufgaben und Verantwortlichkeiten haben. Durch die Definition klarer Erwartungen an die Arbeitslast kann Missverständnissen vorgebeugt werden. Hierbei können Tools wie Aufgabenlisten oder Projektmanagement-Software eingesetzt werden, um Transparenz zu schaffen und sicherzustellen, dass alle Teammitglieder wissen, was von ihnen erwartet wird.

Konkrete Verhaltensrichtlinien: Die Entwicklung von Verhaltensrichtlinien, die den Umgang miteinander regeln, kann helfen, ein respektvolles und unterstützendes Arbeitsumfeld zu fördern. Diese Richtlinien sollten Aspekte wie respektvolle Kommunikation, Feedbackkultur und den Umgang mit unterschiedlichen Meinungen berücksichtigen.

Fortlaufende Kommunikation pflegen:

Eine offene und transparente Kommunikation ist entscheidend, um Konflikte frühzeitig zu erkennen und zu vermeiden. Die Schaffung eines

Kommunikationskanals, der es den Teammitgliedern ermöglicht, ihre Bedenken oder Herausforderungen offen zu äußern, kann auf verschiedene Weisen umgesetzt werden:

Regelmäßige informelle Gespräche: Neben formellen Meetings sollten auch informelle Gelegenheiten geschaffen werden, bei denen Teammitglieder sich austauschen können. Dies könnte in Form von Kaffeepausen, Team-Lunches oder informellen „Steh-Meetings" geschehen, die den Austausch von Ideen und Bedenken in einer entspannten Atmosphäre fördern.

Feedback-Kultur etablieren: Eine Kultur des konstruktiven Feedbacks sollte gefördert werden, in der Teammitglieder ermutigt werden, regelmäßig Rückmeldungen zu geben und zu erhalten. Dies kann durch die Einführung von regelmäßigen Feedback-Runden geschehen, in denen die Teammitglieder sowohl positives als auch konstruktives Feedback austauschen können. Ein solches System hilft, Missverständnisse frühzeitig zu klären und eine positive Teamdynamik zu fördern.

Nutzung digitaler Kommunikationsmittel: In der heutigen Arbeitswelt können digitale Tools wie Instant Messaging oder Projektmanagement-Software genutzt werden, um die Kommunikation zwischen den Teammitgliedern zu erleichtern. Diese

Plattformen ermöglichen es den Teammitgliedern, schnell Informationen auszutauschen und Fragen zu klären, ohne dass ein formelles Meeting erforderlich ist.

Schulung und Weiterbildung:

Um sicherzustellen, dass alle Teammitglieder die notwendigen Fähigkeiten besitzen, um Konflikte effektiv zu bewältigen, sollten Schulungen in Konfliktmanagement und Kommunikation in Betracht gezogen werden. Solche Schulungen können auf verschiedene Arten gestaltet werden:

Workshops und Seminare: Die Durchführung von Workshops, in denen Teams lernen, wie sie Konflikte erkennen und konstruktiv lösen können, ist eine wertvolle Investition. Diese Workshops können Rollenspiele, Fallstudien und interaktive Übungen beinhalten, die den Teilnehmern helfen, ihre Fähigkeiten in der Konfliktbewältigung zu verbessern.

E-Learning-Kurse: Online-Kurse bieten eine flexible Möglichkeit, um Teammitglieder in den Bereichen Kommunikation und Konfliktmanagement weiterzubilden. Diese Kurse können in das individuelle Weiterbildungssystem integriert werden und ermöglichen es den Teammitgliedern, in ihrem eigenen Tempo zu lernen.

Mentoring-Programme: Die Einführung von Mentoring-Programmen, in denen erfahrene Mitarbeiter als Mentoren für jüngere oder weniger erfahrene Teammitglieder fungieren, kann ebenfalls hilfreich sein. Diese Mentoren können wertvolle Einblicke und Ratschläge geben, wie man Konflikte im Arbeitsumfeld effektiv angeht und löst.

Durch die Umsetzung dieser Maßnahmen können Teams eine Kultur der offenen Kommunikation und Zusammenarbeit fördern, die dazu beiträgt, zukünftige Konflikte zu vermeiden und ein positives Arbeitsumfeld zu schaffen. Indem die Beteiligten gemeinsam an Lösungen arbeiten und sich aktiv um den Austausch von Ideen und Feedback bemühen, wird das Team gestärkt und die Wahrscheinlichkeit von Missverständnissen verringert.

Zusammenfassung und Fazit zu Kapitel 3: Die Phasen des konfrontativen Konfliktmanagements

Insgesamt zeigt Kapitel 3, dass konfrontatives Konfliktmanagement ein systematischer Prozess ist, der auf proaktiven Strategien basiert, um Konflikte effektiv zu lösen. Die strukturierte Herangehensweise, die in den drei Phasen dargelegt wird, ermöglicht es den Beteiligten, Konflikte nicht nur zu erkennen, sondern sie auch auf konstruktive Art und Weise zu bearbeiten. Eine gründliche Vorbereitung, die effektive Durchführung der Konfrontation und die anschließende Nachbereitung sind Schlüssel zum Erfolg und tragen dazu bei, eine positive und respektvolle Kommunikationskultur zu fördern. Durch die Implementierung dieser Techniken und Strategien können Organisationen nicht nur bestehende Konflikte lösen, sondern auch eine Umgebung schaffen, in der zukünftige Konflikte minimiert werden.

Kapitel 4: Kommunikations- und Verhandlungstechniken

In diesem Kapitel werden wesentliche Kommunikations- und Verhandlungstechniken vorgestellt, die für eine effektive Konfliktlösung von zentraler Bedeutung sind. Die Fähigkeit, klar zu kommunizieren und konstruktiv zu verhandeln, spielt eine entscheidende Rolle im Umgang mit Konflikten. Die Techniken, die in diesem Kapitel behandelt werden, sind: aktives Zuhören, Ich-Botschaften und Feedback, Fragetechniken zur Klärung von Positionen sowie Verhandlungstechniken im Konflikt.

Aktives Zuhören ist eine fundamentale Kommunikationsfähigkeit, die weit über das bloße Hören von Worten hinausgeht. Es erfordert eine bewusste und engagierte Teilnahme am Gespräch, bei der der Zuhörer sich darauf konzentriert, die Perspektive des Gesprächspartners vollständig zu erfassen. Diese Technik fördert nicht nur ein tieferes Verständnis der Inhalte, sondern signalisiert auch Respekt und Wertschätzung für die Sichtweise des anderen. Durch aktives Zuhören wird eine Grundlage für eine offenere und ehrlichere Kommunikation geschaffen, die entscheidend für die Lösung von Konflikten ist.

Merkmale des aktiven Zuhörens

1. **Volle Aufmerksamkeit**: Volle Aufmerksamkeit ist eine der zentralen Komponenten des aktiven Zuhörens und bildet die Grundlage für eine effektive Kommunikation. Um dem Sprecher seine ungeteilte Aufmerksamkeit zu schenken, ist es entscheidend, alle möglichen Ablenkungen zu minimieren. Dies kann bedeuten, dass der Zuhörer in einer ruhigen Umgebung Platz nimmt, in der Störungen durch Geräusche oder andere Personen weitgehend ausgeschlossen sind. Auch das Handy sollte ausgeschaltet oder zumindest in den lautlosen Modus versetzt werden, um die Versuchung zu vermeiden, während des Gesprächs Nachrichten zu lesen oder Anrufe entgegenzunehmen.

   Ein weiterer wichtiger Aspekt der vollen Aufmerksamkeit ist der Augenkontakt. Dieser sollte nicht nur sporadisch, sondern konstant gehalten werden, um dem Sprecher zu signalisieren, dass man sich aktiv für seine Worte interessiert. Augenkontakt fördert nicht nur das Gefühl von Nähe und Vertrautheit, sondern zeigt auch, dass der Zuhörer die

Informationen ernst nimmt. Es ist ein nicht verbalisiertes Zeichen der Wertschätzung, das dem Sprecher das Gefühl gibt, gehört und respektiert zu werden.

Zusätzlich zur visuellen Verbindung ist die Körperhaltung des Zuhörers von großer Bedeutung. Eine offene Körperhaltung, die durch das Sitzen oder Stehen mit leicht nach vorne geneigtem Oberkörper und einer entspannten, jedoch aufmerksamen Haltung gekennzeichnet ist, signalisiert, dass man bereit ist, zuzuhören und sich auf das Gesagte einzulassen. Verschränkte Arme oder eine abgewandte Körperhaltung könnten vom Sprecher als Desinteresse oder Ablehnung interpretiert werden, was die Gesprächsatmosphäre negativ beeinflussen könnte.

Darüber hinaus kann das Nicken oder gelegentliche verbale Bestätigungen wie „Ja" oder „Ich verstehe" während des Gesprächs dazu beitragen, die Bereitschaft zur aktiven Teilnahme zu verdeutlichen. Diese Gesten und Rückmeldungen zeigen dem Sprecher, dass seine Botschaft ankommt und dass der Zuhörer sich mit dem Gesagten beschäftigt. Auf diese Weise entsteht ein dynamischer Austausch, der das Verständnis vertieft und die Verbindung zwischen den Gesprächspartnern stärkt.

Insgesamt ist die volle Aufmerksamkeit des Zuhörers ein entscheidendes Element, um eine respektvolle und produktive Kommunikationsumgebung zu schaffen. Sie ermöglicht es, dass der Sprecher sich sicher fühlt und bereit ist, seine Gedanken und Gefühle offen zu teilen, was letztlich zu einer tieferen Verständigung und einem stärkeren zwischenmenschlichen Verhältnis führt.

2. **Verbale und nonverbale Rückmeldungen**: Verbale und nonverbale Rückmeldungen sind essentielle Elemente des aktiven Zuhörens, die dem Sprecher signalisieren, dass sein Anliegen gehört und verstanden wird. Diese Rückmeldungen fördern nicht nur die Kommunikation, sondern stärken auch das Vertrauen zwischen den Gesprächspartnern, indem sie eine Atmosphäre schaffen, in der sich der Sprecher respektiert und wertgeschätzt fühlt.

Nonverbale Rückmeldungen

Nonverbale Rückmeldungen spielen eine wesentliche Rolle in der zwischenmenschlichen Kommunikation. Dazu gehören Gesten wie Nicken, Lächeln oder eine offene Körperhaltung, die alle dazu beitragen, dem Sprecher zu zeigen, dass man aufmerksam und interessiert ist. Ein einfaches Nicken kann beispielsweise ausdrücken, dass man dem Gesagten zustimmt oder es nachvollziehen kann. Diese subtile Bestätigung ermutigt den Sprecher, weiterzusprechen und seine Gedanken zu vertiefen.

Außerdem kann die Mimik des Zuhörers viel über dessen Verständnis und Empathie aussagen. Ein interessiertes Gesicht, das beispielsweise mit einem zustimmenden Lächeln oder einem nachdenklichen Ausdruck kombiniert wird, kann dem Sprecher das Gefühl geben, dass seine Gefühle und Gedanken ernst genommen werden. Eine angemessene nonverbale Kommunikation verstärkt die Botschaft des Zuhörers und trägt dazu bei, eine tiefere Verbindung zwischen beiden Parteien herzustellen.

Verbale Rückmeldungen

Neben den nonverbalen Signalen sind auch verbale Rückmeldungen von großer Bedeutung. Kurze Bestätigungen wie „Ich verstehe", „Das macht Sinn" oder „Erzähl mir mehr darüber" können dem Sprecher das Gefühl geben, dass er auf dem richtigen Weg ist. Solche verbalen Rückmeldungen fördern den Dialog und zeigen, dass der Zuhörer aktiv am Gespräch teilnimmt. Sie helfen, den Austausch lebendig zu halten und den Sprecher zu ermutigen, seine Gedanken weiter auszubauen.

Darüber hinaus kann der Zuhörer auch spezifischere Fragen stellen oder Aussagen wiederholen, um sicherzustellen, dass er das Gesagte korrekt verstanden hat. Formulierungen wie „Wenn ich dich richtig verstehe, sagst du, dass…" oder „Könntest du das näher erläutern?" bieten dem Sprecher die Möglichkeit, seine Punkte klarer zu formulieren und Missverständnisse auszuräumen. Solche Rückfragen zeigen nicht nur Interesse, sondern auch ein echtes Bestreben, die Perspektive des anderen zu verstehen.

Bedeutung für die Kommunikation

Die Kombination aus verbalen und nonverbalen Rückmeldungen ist entscheidend, um eine effektive Kommunikation zu gewährleisten. Sie schaffen ein unterstützendes Umfeld, in dem der Sprecher sich sicher fühlen kann, seine Gedanken und Gefühle zu teilen. Wenn der Sprecher sieht, dass seine Worte gehört und ernst genommen werden, wird er ermutigt, offen zu sprechen und möglicherweise auch sensiblere oder komplexere Themen anzusprechen. Insgesamt tragen verbale und nonverbale Rückmeldungen entscheidend dazu bei, den Dialog zu bereichern und die Beziehung zwischen den Gesprächspartnern zu stärken. Sie sind ein Zeichen von Respekt und Engagement, die das gemeinsame Verständnis vertiefen und eine positive Kommunikationsdynamik fördern.

3. **Reflektieren**: Reflektieren ist eine essentielle Technik im aktiven Zuhören, die es dem Zuhörer ermöglicht, die Aussagen des Sprechers zu überprüfen und sicherzustellen, dass diese korrekt verstanden wurden. Diese Methode fördert nicht nur das gegenseitige Verständnis, sondern hilft auch, Missverständnisse frühzeitig zu erkennen und auszuräumen. Durch das Zusammenfassen und Wiedergeben der Informationen in eigenen Worten zeigt der Zuhörer, dass er aufmerksam ist und die Anliegen des Sprechers ernst nimmt.

Die Technik des Zusammenfassens

Um effektiv zu reflektieren, kann der Zuhörer die wichtigsten Punkte des Gesagten in seinen eigenen Worten wiedergeben. Eine geeignete Formulierung könnte beispielsweise lauten:

„Wenn ich dich richtig verstehe, fühlst du dich überfordert, weil..." Diese Art der Rückmeldung hat mehrere Vorteile. Erstens gibt sie dem Sprecher die Möglichkeit zu bestätigen, ob die Interpretation des Zuhörers korrekt ist oder ob Missverständnisse vorliegen. Dies ist besonders wichtig in emotionalen Gesprächen, in denen die Nuancen der Sprache und der Emotionen oft entscheidend sind.

Zweitens signalisiert eine solche Zusammenfassung, dass der Zuhörer aktiv an dem Gespräch teilnimmt und bereit ist, sich mit den Gedanken und Gefühlen des Sprechers auseinanderzusetzen. Der Sprecher fühlt sich dadurch wertgeschätzt und ermutigt, seine Gedanken weiter zu teilen. Ein einfacher Satz kann oft den Unterschied zwischen einem flüchtigen Austausch und einem tiefen, bedeutungsvollen Dialog ausmachen.

Vertiefung des Verständnisses

Das Reflektieren trägt nicht nur dazu bei, Missverständnisse zu vermeiden, sondern auch dazu, das Verständnis für die Perspektive des Sprechers zu vertiefen. Durch das Wiedergeben der Aussagen in eigenen Worten kann der Zuhörer auch eigene Gedanken und Gefühle einfließen lassen, die das Gespräch bereichern können. Zum Beispiel könnte der Zuhörer hinzufügen: „Es klingt für mich, als ob du dich in dieser Situation nicht unterstützt fühlst." Solche Ergänzungen fördern den Dialog und können dem Sprecher helfen, seine eigenen Gefühle und Gedanken klarer zu formulieren.

Darüber hinaus bietet das Reflektieren die Gelegenheit, nachzufragen und weitere Klärungen zu suchen. Der Zuhörer könnte die Zusammenfassung auch als Grundlage für weitere Fragen nutzen: „Habe ich das richtig zusammengefasst? Gibt es noch etwas, das du dazu hinzufügen möchtest?" Auf diese Weise wird das Gespräch offener und interaktiver, was zu einem tieferen Verständnis und einer stärkeren emotionalen Verbindung führt.

Frühzeitiges Ausräumen von Missverständnissen

Ein weiterer wichtiger Aspekt des Reflektierens ist die Möglichkeit, Missverständnisse frühzeitig auszuräumen. Oft können kleine Unklarheiten große Auswirkungen auf die Kommunikation haben. Wenn der Zuhörer die Aussagen des Sprechers zusammenfasst, kann er sofort erkennen, ob es Diskrepanzen gibt oder ob bestimmte Informationen möglicherweise falsch interpretiert wurden.

Sollte der Sprecher anmerken, dass die Zusammenfassung nicht zutreffend ist, kann dies sofort angesprochen und korrigiert werden, wodurch der Dialog in eine produktive Richtung gelenkt wird.

Insgesamt ist das Reflektieren ein kraftvolles Werkzeug im aktiven Zuhören, das sowohl das Verständnis fördert als auch die Beziehung zwischen Gesprächspartnern stärkt. Es ermutigt zu einer offenen, respektvollen Kommunikation, in der beide Parteien die Möglichkeit haben, sich auszudrücken und gehört zu werden. Durch die sorgfältige Anwendung dieser Technik können Zuhörer nicht nur Missverständnisse vermeiden, sondern auch einen Raum schaffen, in dem tiefere Einsichten und Emotionen geteilt werden können.

Vorteile des aktiven Zuhörens

Aktives Zuhören bietet eine Vielzahl von Vorteilen, die sowohl in persönlichen als auch in beruflichen Kontexten von großer Bedeutung sind. Es geht über das bloße Hören der Worte eines Sprechers hinaus und beinhaltet ein tiefes Verständnis und eine wertschätzende Auseinandersetzung mit dessen Gedanken und Gefühlen. Diese Technik hat nicht nur unmittelbare positive Auswirkungen auf die Kommunikation, sondern fördert auch langfristig stärkere Beziehungen zwischen den Gesprächspartnern.

Minimierung von Missverständnissen

Einer der zentralen Vorteile des aktiven Zuhörens ist die signifikante Reduktion von Missverständnissen. Oft entstehen Kommunikationsprobleme aus unklaren Aussagen oder unterschiedlichen Interpretationen von Worten und Emotionen. Durch aktives Zuhören, das das Reflektieren und Zusammenfassen der Aussagen des Sprechers einschließt, können Unklarheiten frühzeitig erkannt und beseitigt werden. Der Zuhörer stellt sicher, dass er die Botschaft richtig verstanden hat, was dazu führt, dass Missverständnisse gar nicht erst entstehen oder schnell geklärt werden können.

Abbau emotionaler Spannungen

Aktives Zuhören trägt auch dazu bei, emotionale Spannungen abzubauen. In vielen Gesprächen, insbesondere in Konfliktsituationen, sind die beteiligten Personen oft emotional aufgeladen. Durch die Schaffung einer vertrauensvollen Atmosphäre, in der sich der Sprecher gehört und respektiert fühlt, wird der Druck reduziert. Wenn der Zuhörer echtes Interesse an den Gefühlen und Perspektiven des Sprechers zeigt, kann dies dazu führen, dass sich der Sprecher entspannter fühlt und bereit ist, offen über seine Sorgen zu sprechen. Diese emotionale Entlastung ist entscheidend, um konstruktive Gespräche zu führen und Lösungen zu finden.

Wertschätzung der Perspektive des anderen

Ein weiterer bedeutender Vorteil des aktiven Zuhörens ist die Förderung der Wertschätzung für die Perspektive des anderen. Wenn Zuhörer aktiv versuchen, die Gedanken und Gefühle des Sprechers zu verstehen, zeigen sie, dass sie dessen Sichtweise ernst nehmen. Dies legt den Grundstein für eine respektvolle und konstruktive Diskussion. In einem solchen Umfeld sind die Gesprächspartner eher bereit, Kompromisse einzugehen und kreative Lösungen zu finden, da sie die Bedürfnisse und Anliegen des anderen berücksichtigen.

Grundlage für konstruktive Diskussionen

Aktives Zuhören bildet die Basis für konstruktive Diskussionen, in denen alle Beteiligten die Möglichkeit haben, ihre Meinungen und Bedenken auszudrücken. Diese Kommunikationsfähigkeit ist besonders wichtig in Gruppen oder Teams, in denen unterschiedliche Perspektiven und Erfahrungen zusammenkommen. Durch aktives Zuhören können alle Stimmen gehört werden, was zu einem umfassenderen Verständnis der Thematik führt. Dies wiederum fördert die Zusammenarbeit und das Engagement aller Beteiligten, da sie sich gleichwertig und respektiert fühlen.

Effektivere Konfliktlösungen

Die Fähigkeit, aktiv zuzuhören, ist entscheidend für die Erreichung effektiver Konfliktlösungen. Wenn beide Parteien sich aktiv in den Dialog einbringen und die Aussagen des anderen wertschätzen, können sie gemeinsam an Lösungen arbeiten, die für alle akzeptabel sind. Diese kooperative Herangehensweise fördert nicht nur die Problemlösung, sondern stärkt auch die Beziehungen zwischen den Beteiligten. Ein gemeinsames Verständnis und eine gemeinsame Basis schaffen Vertrauen und können zukünftige Konflikte verhindern.

Stärkung von Beziehungen

Schließlich trägt aktives Zuhören zur Stärkung der Beziehungen bei. Wenn Menschen das Gefühl haben, dass ihre Meinungen und Gefühle ernst genommen werden, entwickeln sie ein höheres Maß an Vertrauen und Respekt füreinander. Dies führt nicht nur zu einer besseren Kommunikation, sondern auch zu einer tieferen emotionalen Verbindung. In persönlichen Beziehungen fördert aktives Zuhören Intimität und Verständnis, während es in beruflichen Kontexten die Teamdynamik und die Zusammenarbeit verbessert.

Insgesamt ist aktives Zuhören eine unverzichtbare Kommunikationsfähigkeit, die zahlreiche Vorteile mit sich bringt. Es minimiert Missverständnisse, baut emotionale Spannungen ab, fördert die Wertschätzung der Perspektiven anderer und legt den Grundstein für konstruktive Diskussionen und effektive Konfliktlösungen. Durch die aktive Einbindung aller Beteiligten in den Dialog werden nicht nur Lösungen erarbeitet, sondern auch die Beziehungen gestärkt, was letztendlich zu einer harmonischeren und produktiveren Kommunikation führt.

4.2 Ich-Botschaften und Feedback

Ich-Botschaften sind ein unverzichtbares Kommunikationswerkzeug, das es ermöglicht, persönliche Gefühle und Bedürfnisse klar und direkt auszudrücken, ohne den anderen anzugreifen oder in die Defensive zu drängen. Diese Technik fördert eine respektvolle und konstruktive Kommunikation, die für die Konfliktbewältigung von zentraler Bedeutung ist. Wie bereits in Kapitel 3 angesprochen, spielen Ich-Botschaften eine entscheidende Rolle im Umgang mit Konflikten, da sie helfen, Missverständnisse zu vermeiden und die Kommunikation auf eine positive Ebene zu heben.

Struktur von Ich-Botschaften

Eine Ich-Botschaft besteht typischerweise aus drei wesentlichen Teilen:

1. **Beschreibung des Verhaltens**: In diesem ersten Schritt der Ich-Botschaften ist es essenziell, das spezifische Verhalten des anderen klar und präzise zu beschreiben, das als problematisch oder störend empfunden wird. Diese Beschreibung sollte sich auf objektive Beobachtungen stützen, anstatt persönliche Wertungen oder Interpretationen einzubringen. Ziel ist es, eine wertfreie Kommunikation zu fördern, die es beiden

Gesprächspartnern ermöglicht, offen und ohne Vorurteile miteinander zu sprechen.

Ein wichtiger Aspekt der Verhaltenbeschreibung ist, dass sie konkret und nachvollziehbar sein sollte. Anstatt vage oder allgemeine Aussagen zu treffen, wie etwa „Du bist immer unzuverlässig" oder „Du kümmerst dich nie um die Gruppe", sollte man sich auf spezifische Vorfälle konzentrieren. Zum Beispiel könnte man sagen: „Ich habe bemerkt, dass du in den letzten drei Teammeetings nicht pünktlich erschienen bist." Diese Formulierung benennt ein konkretes Verhalten – das Zuspätkommen – und gibt damit dem Gegenüber eine klare Vorstellung davon, worauf sich die Rückmeldung bezieht.

Durch diese objektive Annäherung wird vermieden, dass der andere sich angegriffen oder kritisiert fühlt. Wenn die Beschreibung des Verhaltens neutral und sachlich ist, wird die Wahrscheinlichkeit erhöht, dass der Gesprächspartner offen für das Anliegen bleibt und nicht in eine defensive Haltung verfällt. Eine solche Defensivität kann oft dazu führen, dass das Gespräch in eine negative Richtung abdriftet, was die Lösung des Problems erschwert.

Ein weiterer Vorteil dieser Herangehensweise ist, dass sie eine wertschätzende Atmosphäre schafft. Wenn der Fokus auf dem beobachtbaren Verhalten liegt und nicht auf der Person selbst, wird der Eindruck vermieden, dass der andere als Mensch abgewertet wird. Dies ist besonders wichtig in konfliktbeladenen Situationen, wo Emotionen hochkochen können. Indem man sich auf das Verhalten konzentriert, wird Raum für eine konstruktive Diskussion eröffnet, in der beide Parteien ihre Sichtweisen darlegen und gemeinsam nach Lösungen suchen können. Zusammenfassend lässt sich sagen, dass die Beschreibung des Verhaltens der erste und fundamentale Schritt in der Kommunikation von Ich-Botschaften ist. Sie legt den Grundstein für ein respektvolles und produktives Gespräch, indem sie eine klare, objektive und wertfreie Grundlage schafft. Durch die Konzentration auf das beobachtbare Verhalten wird nicht nur die Wahrscheinlichkeit erhöht, dass der andere offen bleibt, sondern es wird auch die Möglichkeit geschaffen, das Anliegen konstruktiv und lösungsorientiert zu äußern.

2. **Eigene emotionale Reaktion**: Im zweiten
Schritt der Ich-Botschaften wird die eigene
emotionale Reaktion in Bezug auf das zuvor
beschriebene Verhalten des anderen dargelegt.
Dieser Schritt ist von großer Bedeutung, da er
dazu beiträgt, die persönliche Betroffenheit zu
verdeutlichen und aufzuzeigen, wie das
Verhalten des anderen einen selbst beeinflusst.
Durch die klare Kommunikation der eigenen
Emotionen wird nicht nur das Verständnis des
Gegenübers gefördert, sondern auch eine
tiefere emotionale Verbindung zwischen den
Gesprächspartnern hergestellt.

Eine wesentliche Herausforderung in diesem
Schritt besteht darin, die eigenen Gefühle
authentisch und ehrlich zu benennen, ohne
dabei in Vorwürfe oder Schuldzuweisungen
abzudriften. Die Formulierung sollte so
gestaltet sein, dass sie die eigene
Wahrnehmung und Empfindung in den
Vordergrund stellt. Beispiele für solche
Formulierungen sind: „Ich fühle mich
enttäuscht, wenn...", „Ich bin frustriert,
wenn...", oder „Es macht mich traurig, dass...".
Diese Art der Ausdrucksweise betont, dass es
sich um persönliche Empfindungen handelt
und nicht um eine Bewertung des Verhaltens
des anderen.

Das Offenbaren der eigenen Emotionen hat mehrere Vorteile. Erstens ermöglicht es dem Gegenüber, die Situation aus einer persönlicheren Perspektive zu sehen. Wenn man beispielsweise sagt: „Ich fühle mich überfordert, wenn die Aufgaben nicht rechtzeitig verteilt werden", wird dem anderen klar, dass sein Verhalten nicht nur eine abstrakte Konsequenz hat, sondern dass es konkrete Auswirkungen auf das Wohlbefinden des Sprechers hat. Diese Herangehensweise fördert das Verständnis und kann dazu führen, dass der andere eher bereit ist, auf die Bedürfnisse des Sprechers einzugehen. Zweitens schafft das Teilen eigener Gefühle eine Atmosphäre der Verletzlichkeit und Authentizität. Wenn man bereit ist, seine Emotionen offen zu zeigen, signalisiert man dem Gesprächspartner, dass man ihm vertraut und eine ehrliche Kommunikation anstrebt. Diese Verletzlichkeit kann oft eine empathische Reaktion hervorrufen. Der andere fühlt sich eher geneigt, empathisch zu reagieren, wenn er sieht, dass die eigene emotionale Reaktion authentisch und ehrlich ist. Dies kann zu einer stärkeren Verbindung führen und das Verständnis füreinander vertiefen.

Darüber hinaus kann das Teilen der eigenen Emotionen dazu beitragen, Spannungen abzubauen. In Konfliktsituationen kann es leicht zu Missverständnissen und Feindseligkeiten kommen. Wenn man jedoch die eigenen Gefühle in den Mittelpunkt der Kommunikation stellt, wird der Fokus von der Schuldzuweisung hin zu einem gegenseitigen Verständnis und zur Suche nach Lösungen verschoben. Ein Beispiel könnte sein: „Ich fühle mich gestresst, wenn ich das Gefühl habe, dass meine Ideen nicht gehört werden. Ich würde mir wünschen, dass wir gemeinsam darüber sprechen können." Hier wird nicht nur die eigene Betroffenheit deutlich, sondern auch der Wunsch nach einem konstruktiven Dialog formuliert.

Zusammenfassend lässt sich sagen, dass die Dargelegung der eigenen emotionalen Reaktion ein entscheidender Schritt in der Kommunikation von Ich-Botschaften ist. Sie fördert nicht nur das Verständnis des Gegenübers, sondern ermöglicht auch eine tiefere emotionale Verbindung. Durch das Teilen eigener Gefühle wird Verletzlichkeit gezeigt, was oft zu einer empathischeren Reaktion des Gesprächspartners führt. Auf diese Weise wird der Weg für eine respektvolle

und konstruktive Kommunikation geebnet, die
die Grundlage für ein positives Miteinander
bildet.

3. **Bitte oder Wunsch**: Im dritten Teil der Ich-
   Botschaften wird eine klare Bitte oder ein
   Wunsch formuliert, der darauf abzielt, eine
   positive Veränderung in der Beziehung oder
   der Situation herbeizuführen. Dieser Schritt ist
   von entscheidender Bedeutung, da er dem
   Gesprächspartner eine eindeutige Orientierung
   darüber gibt, was man sich konkret wünscht
   oder benötigt, um die Situation zu verbessern.
   Eine präzise und respektvolle Formulierung
   der Bitte kann den Verlauf des Gesprächs
   maßgeblich beeinflussen und die Chancen
   erhöhen, dass der andere bereit ist, auf die
   geäußerten Bedürfnisse einzugehen.
   Um eine effektive Bitte zu formulieren, ist es
   wichtig, dass sie konkret, realistisch und
   umsetzbar ist. Anstatt vage oder allgemeine
   Wünsche zu äußern, sollte die Bitte spezifisch
   auf die vorhergehenden Beschreibungen des
   Verhaltens und der eigenen emotionalen
   Reaktion eingehen. Ein Beispiel hierfür könnte
   sein: „Ich würde es sehr schätzen, wenn du in
   Zukunft versuchen könntest, pünktlich zu
   unseren Meetings zu erscheinen." Diese

Formulierung ist direkt und klar, wodurch der Gesprächspartner genau versteht, was von ihm erwartet wird.

Zudem sollte die Bitte in einer positiven und einladenden Weise geäußert werden. Indem man den Fokus auf die möglichen positiven Ergebnisse legt, kann man die Bereitschaft des anderen, der Bitte nachzukommen, erhöhen. Anstatt zu sagen: „Hör auf, zu spät zu kommen!", könnte man eine freundlichere Herangehensweise wählen, wie: „Es würde mir wirklich helfen, wenn du versuchen könntest, rechtzeitig zu kommen, damit wir gemeinsam produktiv arbeiten können." Solche Formulierungen vermitteln nicht nur den Wunsch nach Veränderung, sondern zeigen auch, dass das Anliegen im besten Interesse beider Parteien ist.

Ein weiterer wichtiger Aspekt der Bitte oder des Wunsches ist die Bereitschaft, einen Dialog über die geforderte Veränderung zu führen. Es ist hilfreich, Raum für Rückfragen oder Anmerkungen des Gesprächspartners zu lassen. Dies kann die Bereitschaft fördern, die Bitte ernst zu nehmen und gegebenenfalls in einer konstruktiven Weise darauf zu reagieren. Man könnte beispielsweise hinzufügen: „Ich würde gerne wissen, ob das für dich machbar ist oder ob es etwas gibt, das dich daran hindert." Diese Offenheit zeigt, dass man nicht nur eine Forderung stellt, sondern auch Verständnis für die Perspektive des anderen hat.

Darüber hinaus ist es hilfreich, die eigene Bitte oder den Wunsch in einen positiven Kontext zu setzen. Indem man erklärt, warum diese Veränderung für einen selbst oder für die Gruppe wichtig ist, kann man die Motivation des anderen steigern. Zum Beispiel könnte man sagen: „Wenn du regelmäßig pünktlich bist, können wir unsere Zeit effizienter nutzen und die Zusammenarbeit wird für uns alle angenehmer." Solche Erklärungen bieten dem Gesprächspartner eine rationale Grundlage für die geforderte Veränderung und machen die Bitte nachvollziehbarer.

Zusammenfassend lässt sich sagen, dass die Formulierung einer Bitte oder eines Wunsches der letzte und entscheidende Schritt in der Kommunikation von Ich-Botschaften ist. Eine klare, respektvolle und positive Ausdrucksweise gibt dem Gesprächspartner eine verständliche Orientierung darüber, was man sich wünscht, um die Situation zu verbessern. Durch die Kommunikation der eigenen Erwartungen und die Möglichkeit, in einen Dialog zu treten, erhöht man die Wahrscheinlichkeit, dass der andere bereit ist, sein Verhalten zu ändern und auf die Bedürfnisse des Sprechers einzugehen. Letztlich fördert dieser Schritt eine konstruktive und respektvolle Interaktion, die auf gegenseitigem Verständnis und Kooperation basiert.

Ein Beispiel für eine Ich-Botschaft könnte lauten: „Ich fühle mich frustriert, wenn Deadlines nicht eingehalten werden, weil ich dann unter Druck gerate, meine Arbeit rechtzeitig abzuschließen." In diesem Beispiel wird das Verhalten (das Nichteinhalten von Deadlines) klar benannt, die eigene Reaktion (Frustration) wird geschildert, und es wird implizit der Wunsch nach einer Änderung des Verhaltens geäußert.

Feedback

Feedback ist ein essenzieller Bestandteil der Kommunikation, der eng mit dem Konzept der Ich-Botschaften verknüpft ist. Es bietet den Beteiligten die Möglichkeit, ihre Perspektiven zu teilen, Missverständnisse auszuräumen und gemeinsam an Verbesserungen zu arbeiten. Das Geben und Empfangen von Feedback ist eine wertvolle Gelegenheit, um das Verständnis füreinander zu vertiefen und die Zusammenarbeit zu stärken.

Konstruktives Feedback: Grundprinzipien

Konstruktives Feedback sollte spezifisch, zeitnah und auf das Verhalten fokussiert sein, nicht auf die Person. Diese Prinzipien sind entscheidend, um eine respektvolle Kommunikation aufrechtzuerhalten und zu verhindern, dass sich der Empfänger angegriffen oder kritisiert fühlt. Anstatt allgemeine oder vage Aussagen zu machen, wie „Du machst das immer falsch", sollte das Feedback konkret auf eine bestimmte Situation eingehen. Zum Beispiel: „Ich habe beobachtet, dass die Präsentation letzte Woche einige Punkte ausgelassen hat, die für das Verständnis des Projekts wichtig waren." Diese spezifische Rückmeldung gibt dem Empfänger genauere Informationen, die ihm helfen können, sein Verhalten zu reflektieren und gegebenenfalls zu ändern.

Der richtige Zeitpunkt für Feedback

Die zeitliche Nähe des Feedbacks zur beobachteten Situation ist ebenfalls von großer Bedeutung. Wenn Feedback zu lange aufgeschoben wird, kann der Kontext verloren gehen, und die Person kann sich nicht mehr genau an die entsprechenden Ereignisse erinnern. Indem man Feedback zeitnah gibt, zeigt man, dass man die Situation ernst nimmt und dass es einem wichtig ist, dass die Kommunikation und Zusammenarbeit reibungslos verlaufen. Dies schafft eine Atmosphäre der Offenheit und Bereitschaft zur Verbesserung.

Verhalten versus Person

Ein weiterer wichtiger Aspekt konstruktiven Feedbacks ist der Fokus auf das Verhalten und nicht auf die Person selbst. Es ist wichtig, dass der Empfänger nicht das Gefühl hat, persönlich angegriffen zu werden. Aussagen wie „Du bist unorganisiert" können leicht als Angriff wahrgenommen werden. Stattdessen sollte das Feedback so formuliert werden, dass es sich auf konkrete Verhaltensweisen bezieht, wie: „Ich habe festgestellt, dass die Berichte oft nicht rechtzeitig eingereicht werden. Das erschwert die Planung für das Team." Diese Herangehensweise hilft, den Dialog offen und respektvoll zu halten.

Feedback in Ich-Botschaften verpacken

Um sicherzustellen, dass das Feedback klar und respektvoll übermittelt wird, ist es hilfreich, es in einer Ich-Botschaft zu verpacken. Dies bedeutet, dass die eigene Wahrnehmung und die Auswirkungen des Verhaltens transparent gemacht werden. Ein Beispiel könnte lauten: „Ich habe bemerkt, dass du oft zu spät zu unseren Meetings kommst. Das bringt mich in Schwierigkeiten, weil ich dann nicht alle Informationen weitergeben kann. Könntest du bitte versuchen, pünktlicher zu sein?" Diese Art des Feedbacks zeigt sowohl das beobachtete Verhalten als auch die eigene Betroffenheit und bietet eine klare Bitte zur Verbesserung an. Es fördert nicht nur das Verständnis, sondern zeigt auch Empathie und Respekt gegenüber dem Gesprächspartner.

Die Rolle des Feedbacks in der Konfliktlösung

Zusammenfassend lässt sich sagen, dass Ich-Botschaften und konstruktives Feedback wesentliche Elemente einer effektiven Kommunikationsstrategie sind. Sie fördern nicht nur das Verständnis zwischen den Gesprächspartnern, sondern tragen auch dazu bei, Konflikte auf einer respektvollen und konstruktiven Ebene zu lösen. Feedback ermöglicht es den Beteiligten, ihre Bedürfnisse und Perspektiven auszudrücken, während gleichzeitig Raum für Wachstum und Verbesserung geschaffen wird.

Durch die Anwendung dieser Techniken wird die Kommunikation nicht nur klarer, sondern auch empathischer. Dies führt langfristig zu besseren Beziehungen und einem harmonischeren Miteinander. Wenn Feedback als eine Form des Lernens und der Weiterentwicklung betrachtet wird, können sowohl Individuen als auch Teams von den positiven Effekten einer offenen und respektvollen Kommunikationskultur profitieren. Letztendlich stärkt dies das Vertrauen und die Zusammenarbeit, was in jeder Art von Beziehung, sei es im beruflichen oder im privaten Kontext, von unschätzbarem Wert ist.

4.3 Fragetechniken zur Klärung von Positionen

Fragetechniken spielen eine entscheidende Rolle in der Konfliktbewältigung, da sie es ermöglichen, die Positionen der Konfliktparteien besser zu verstehen und Missverständnisse auszuräumen. Durch gezielte und strukturierte Fragen können die Beteiligten Klarheit über ihre Standpunkte gewinnen und gemeinsam nach Lösungen suchen, die für alle akzeptabel sind. Diese Techniken fördern nicht nur das Verständnis, sondern helfen auch, die Kommunikation zu verbessern und ein respektvolles Gesprächsklima zu schaffen.

Arten von Fragen

Offene Fragen:

Offene Fragen sind ein äußerst effektives Werkzeug, wenn es darum geht, eine ausführliche Antwort zu fördern und eine tiefere Kommunikation zu ermöglichen. Im Gegensatz zu geschlossenen Fragen, die nur kurze Antworten wie „ja" oder „nein" zulassen, eröffnen offene Fragen den Raum für umfangreiche und differenzierte Antworten. Sie laden den Gesprächspartner ein, seine Gedanken, Gefühle und Perspektiven in eigenen Worten auszudrücken, ohne ihn in eine bestimmte Richtung zu drängen oder ihn in seiner Ausdrucksweise einzuschränken.

Ein typisches Beispiel für eine offene Frage ist: „Wie siehst du die Situation?" Diese Frage ist nicht nur neutral formuliert, sondern bietet dem Gesprächspartner auch die Freiheit, seine Sichtweise in einem umfassenden Rahmen zu schildern. Sie ermutigt dazu, die eigenen Überlegungen zu teilen, die oft sowohl rationale als auch emotionale Elemente enthalten. Indem der Gesprächspartner die Möglichkeit erhält, seine Ansichten in einem breiten Kontext darzustellen, wird nicht nur sein Verständnis der Situation deutlich, sondern auch die zugrunde liegenden Emotionen und Motivationen, die seine Sichtweise prägen.

Ein weiterer Vorteil offener Fragen ist ihre Fähigkeit, das Gespräch in Gang zu bringen. In vielen Gesprächen, insbesondere in konfliktbeladenen Situationen, kann es eine Herausforderung sein, den Dialog zu starten oder ihn aufrechtzuerhalten. Offene Fragen fungieren hier als Katalysatoren, die den Gesprächspartner ermutigen, seine Gedanken zu äußern und aktiv am Gespräch teilzunehmen. Dies ist besonders wichtig in Kontexten, in denen sich die Beteiligten möglicherweise scheuen, ihre Meinungen zu äußern oder in denen es Spannungen gibt. Durch die Formulierung offener Fragen wird eine einladende und respektvolle Atmosphäre geschaffen, die es den Beteiligten erleichtert, sich zu öffnen und ihre Sichtweisen zu teilen.

Darüber hinaus tragen offene Fragen zur Schaffung einer vertrauensvollen Gesprächsatmosphäre bei, die für eine konstruktive Diskussion unerlässlich ist. Wenn Menschen das Gefühl haben, dass ihre Meinungen und Gefühle ernst genommen werden, sind sie eher bereit, sich auf den Dialog einzulassen und auch die Perspektive des anderen zu berücksichtigen. Diese Art von interpersoneller Dynamik kann dazu führen, dass sich die Beteiligten sicherer fühlen, ihre Ansichten zu äußern, was wiederum zu einem tieferen Verständnis und einer besseren Zusammenarbeit führt.

Offene Fragen fördern nicht nur die Kommunikation, sondern helfen auch dabei, Missverständnisse zu klären und unterschiedliche Sichtweisen zu integrieren. Wenn ein Gesprächspartner die Gelegenheit hat, seine Gedanken ausführlich darzulegen, können andere Beteiligte besser nachvollziehen, woher diese kommen und welche Faktoren sie beeinflussen. Dies kann zu einem fruchtbaren Austausch führen, in dem unterschiedliche Perspektiven beleuchtet und diskutiert werden, anstatt dass die Beteiligten in ihren eigenen Standpunkten verharren.

Zusammenfassend lässt sich sagen, dass offene Fragen eine wesentliche Rolle in der Kommunikation spielen, insbesondere in herausfordernden Situationen, in denen Klärung und Verständnis notwendig sind. Sie sind nicht nur ein Mittel zur Informationsbeschaffung, sondern auch ein Werkzeug, um Beziehungen zu stärken, Vertrauen aufzubauen und eine Atmosphäre zu schaffen, die für produktive Gespräche und Konfliktlösungen förderlich ist. Indem man offene Fragen gezielt einsetzt, können die Beteiligten zu einem tieferen Verständnis der jeweiligen Positionen gelangen und gemeinsam an Lösungen arbeiten, die die Interessen aller berücksichtigen.

Geschlossene Fragen:

Im Gegensatz zu offenen Fragen, die Raum für ausführliche Antworten und eine tiefere Auseinandersetzung mit einem Thema bieten, erfordern geschlossene Fragen in der Regel eine kurze und präzise Antwort. Diese Antworten sind häufig auf einfache Bestätigungen oder Verneinungen beschränkt, wie zum Beispiel „ja" oder „nein". Geschlossene Fragen sind besonders nützlich, wenn es darum geht, spezifische Informationen schnell zu erfassen oder um Klarheit über bestimmte Punkte zu gewinnen.

Ein typisches Beispiel für eine geschlossene Frage ist: „Hast du das Dokument erhalten?" Diese Frage zielt darauf ab, eine klare und direkte Antwort zu erhalten. Geschlossene Fragen sind in Situationen von Vorteil, in denen es wichtig ist, rasch und effizient Informationen zu sammeln, ohne dass der Gesprächspartner in umfangreiche Erklärungen oder Ausführungen verwickelt wird. Sie sind besonders hilfreich in geschäftlichen und administrativen Kontexten, wo klare Fakten und Entscheidungen benötigt werden.

Durch den Einsatz geschlossener Fragen können Missverständnisse schnell ausgeräumt werden. Wenn zum Beispiel ein Gesprächspartner unsicher ist, ob eine bestimmte Information richtig verstanden wurde, kann eine gezielte geschlossene Frage dazu dienen, diese Unsicherheit zu klären. Anstatt umständlich zu erklären, was man meint, kann eine einfache Bestätigungsfrage dazu führen, dass der Gesprächspartner seine Zustimmung oder Ablehnung klar äußert. Dies kann den Kommunikationsprozess erheblich beschleunigen und dazu beitragen, dass beide Parteien auf dem gleichen Stand sind.

Darüber hinaus sind geschlossene Fragen nützlich, um gezielte Informationen zu sammeln, die für den weiteren Verlauf des Gesprächs von Bedeutung sind. In vielen Kommunikationssituationen, insbesondere in Verhandlungen oder bei Entscheidungsfindungen, ist es entscheidend, präzise Informationen zu haben. Geschlossene Fragen ermöglichen es, schnell herauszufinden, ob bestimmte Bedingungen erfüllt sind oder ob spezifische Anforderungen eingehalten werden. Beispielsweise könnte eine Frage wie „Sind die Zahlen im Bericht korrekt?" dazu dienen, die Grundlage für eine Analyse oder eine weitere Diskussion zu legen.

Trotz ihrer Nützlichkeit sollte jedoch darauf geachtet werden, dass der Einsatz geschlossener Fragen nicht überhandnimmt. Wenn in einem Gespräch zu viele geschlossene Fragen gestellt werden, kann dies den Dialog einschränken und den Gesprächspartner nicht ausreichend einbeziehen. Geschlossene Fragen können dazu führen, dass das Gespräch mechanisch und einseitig wird, da sie den Gesprächspartner dazu zwingen, sich auf einfache Antworten zu beschränken, anstatt seine Gedanken und Gefühle umfassender darzulegen. Dies kann insbesondere in persönlichen oder emotionalen Gesprächen problematisch sein, da es den Eindruck vermitteln kann, dass die Ansichten des anderen nicht wirklich geschätzt oder in Betracht gezogen werden.

Ein Übermaß an geschlossenen Fragen kann auch dazu führen, dass der Gesprächspartner sich weniger engagiert fühlt oder den Eindruck gewinnt, dass seine

Perspektive nicht wirklich gehört wird. Dies kann die Beziehung zwischen den Gesprächspartnern belasten und das Vertrauen beeinträchtigen, was zu einem weniger produktiven Dialog führen kann.

Insgesamt sind geschlossene Fragen ein wertvolles Werkzeug in der Kommunikation, besonders wenn es darum geht, klare Informationen zu erhalten und Missverständnisse auszuräumen. Sie sollten jedoch mit Bedacht eingesetzt werden, um sicherzustellen, dass sie den Dialog nicht einschränken und den Raum für einen offenen Austausch von Ideen und Gefühlen nicht zugunsten von Effizienz und Klarheit verlieren. Ein ausgewogenes Verhältnis zwischen geschlossenen und offenen Fragen ist entscheidend, um eine produktive und respektvolle Kommunikation zu fördern, die sowohl Informationsaustausch als auch zwischenmenschliches Verständnis unterstützt.

Reflexionsfragen:

Reflexionsfragen sind ein kraftvolles Werkzeug in der Kommunikation, das darauf abzielt, das Verständnis zwischen Gesprächspartnern zu vertiefen und die Perspektive des anderen zu reflektieren. Diese Fragen sind so gestaltet, dass sie den Gesprächspartner dazu anregen, seine Gedanken und Gefühle eingehender zu erkunden und zu erläutern. Im Gegensatz zu einfachen Informationsfragen, die oft nur auf Fakten abzielen, ermutigen Reflexionsfragen zu einer tieferen

Auseinandersetzung mit den geäußerten Gedanken und Emotionen.

Ein exemplarisches Beispiel für eine Reflexionsfrage wäre: „Was bedeutet das für dich?" Diese Frage ist nicht nur offen gestaltet, sondern fordert den Gesprächspartner auch aktiv auf, seine persönlichen Empfindungen und Überlegungen näher zu erläutern. Indem der Fragende zeigt, dass er an den inneren Beweggründen und der emotionalen Bedeutung interessiert ist, wird ein Raum für eine offenere und ehrlichere Kommunikation geschaffen. Diese Art von Fragen hilft, die Emotionen hinter den Positionen zu erfassen und zu verstehen, was für den Gesprächspartner tatsächlich auf dem Spiel steht.

Reflexionsfragen tragen dazu bei, ein tieferes Verständnis für die Sichtweise des anderen zu entwickeln. Wenn jemand zum Beispiel über eine schwierige Entscheidung spricht, kann die Frage „Was bedeutet das für dich?" dazu führen, dass der Gesprächspartner nicht nur die Fakten der Situation darstellt, sondern auch die damit verbundenen Ängste, Hoffnungen oder Unsicherheiten teilt. Dies ermöglicht es beiden Gesprächspartnern, über die oberflächlichen Aspekte hinauszuschauen und die komplexen emotionalen Dimensionen zu erfassen, die oft in Konflikten oder schwierigen Gesprächen verborgen sind.

Ein weiterer Aspekt von Reflexionsfragen ist ihre Fähigkeit, Empathie zu fördern. Wenn Menschen das Gefühl haben, dass ihre Anliegen ernst genommen werden und dass jemand wirklich versucht, ihre Perspektive zu verstehen, sind sie eher bereit, sich zu öffnen und ihre Gedanken und Gefühle zu teilen. Reflexionsfragen zeigen nicht nur Interesse, sondern kommunizieren auch, dass der Fragende bereit ist, sich mit dem emotionalen Gehalt der Aussagen des anderen auseinanderzusetzen. Dies kann eine Atmosphäre des Vertrauens und der Unterstützung schaffen, die für eine produktive und respektvolle Kommunikation unerlässlich ist.

Darüber hinaus können Reflexionsfragen auch dazu dienen, Missverständnisse zu klären und die Kommunikation zu vertiefen. Oftmals können Aussagen oder Positionen missinterpretiert werden, und Reflexionsfragen bieten die Möglichkeit, diese Missverständnisse auszuräumen. Indem man fragt: „Wie hast du dich in dieser Situation gefühlt?" oder „Was hat dich zu dieser Entscheidung bewegt?", wird der Gesprächspartner ermutigt, seine Gedanken zu erläutern und mögliche Unklarheiten zu beseitigen. Dies fördert nicht nur ein besseres Verständnis, sondern hilft auch, eine gemeinsame Basis zu finden, auf der weitere Gespräche und Entscheidungen aufgebaut werden können.

Zusammenfassend lässt sich sagen, dass Reflexionsfragen ein wesentlicher Bestandteil einer empathischen und effektiven Kommunikation sind. Sie ermöglichen es, die Perspektive des anderen nicht nur zu hören, sondern sie auch aktiv zu reflektieren und zu verstehen. Durch die Förderung einer tieferen Auseinandersetzung mit den geäußerten Gedanken und Gefühlen tragen Reflexionsfragen dazu bei, Vertrauen aufzubauen und das Gefühl zu vermitteln, dass die Anliegen des anderen ernst genommen werden. In einem Dialog, der von Reflexionsfragen geprägt ist, entsteht eine Atmosphäre des Respekts und der Offenheit, die es beiden Gesprächspartnern ermöglicht, auf einer tieferen Ebene miteinander zu kommunizieren und zu interagieren

Klärungsfragen:

Klärungsfragen sind ein essentielles Kommunikationswerkzeug, das darauf abzielt, Unklarheiten zu beseitigen und spezifische Informationen zu erhalten. Sie spielen eine entscheidende Rolle in Gesprächen, in denen Missverständnisse oder Verwirrung vorherrschen. Diese Fragen sind besonders wichtig, um sicherzustellen, dass alle Beteiligten die Diskussion auf der gleichen Grundlage führen und ein gemeinsames Verständnis des Themas haben. Unklarheiten können leicht entstehen, insbesondere in komplexen oder emotionalen Gesprächen, und Klärungsfragen helfen, diese Unsicherheiten zu adressieren.

Ein typisches Beispiel für eine Klärungsfrage könnte lauten: „Könntest du das genauer erklären?" Diese Frage fordert den Gesprächspartner auf, seine vorherigen Aussagen näher zu erläutern und zusätzliche Details bereitzustellen. Durch die Bitte um eine genauere Erklärung zeigt der Fragende nicht nur Interesse an der Thematik, sondern signalisiert auch, dass er die Informationen, die er bisher erhalten hat, nicht vollständig versteht. Dies ist ein wichtiger Schritt, um sicherzustellen, dass beide Parteien auf derselben Wellenlänge sind und die Inhalte des Gesprächs korrekt interpretiert werden.

Klärungsfragen tragen erheblich dazu bei, die Aussagen des Gesprächspartners besser zu verstehen. Wenn beispielsweise jemand eine komplexe Idee oder ein vielschichtiges Problem anspricht, kann es leicht zu Missverständnissen kommen, wenn die Informationen nicht klar vermittelt werden. In solchen Fällen ermöglichen Klärungsfragen, die Gedanken zu strukturieren und präzise Informationen zu gewinnen. Sie helfen dabei, die Kernpunkte herauszufiltern und Missverständnisse zu vermeiden, die sonst zu Irritationen oder falschen Annahmen führen könnten.

Ein weiterer Vorteil von Klärungsfragen ist, dass sie dazu beitragen, Missverständnisse frühzeitig zu erkennen und zu beheben, bevor sie sich zu größeren Konflikten entwickeln. Wenn während eines Gesprächs Unklarheiten bestehen bleiben, kann dies zu Fehleinschätzungen oder Annahmen führen, die schließlich in Konflikten oder Spannungen resultieren. Indem man proaktiv Klärungsfragen stellt, können potenzielle Probleme frühzeitig identifiziert und angesprochen werden. Dies fördert nicht nur eine bessere Kommunikation, sondern auch ein produktiveres und harmonischeres Miteinander.

Darüber hinaus können Klärungsfragen auch dazu dienen, die eigene Position zu festigen und sicherzustellen, dass man die Argumente des Gesprächspartners korrekt erfasst hat. Wenn jemand beispielsweise eine Meinung äußert, die man nicht ganz nachvollziehen kann, kann eine Klärungsfrage wie „Was meinst du genau mit dieser Aussage?" dazu führen, dass der Gesprächspartner seine Gedanken klarer formuliert. Dies kann helfen, die eigene Sichtweise zu schärfen und ein tieferes Verständnis für die Argumentation des anderen zu entwickeln.

In einem professionellen Kontext sind Klärungsfragen besonders wertvoll, da sie dazu beitragen, Entscheidungsprozesse zu optimieren und sicherzustellen, dass alle Beteiligten über die notwendigen Informationen verfügen, um informierte Entscheidungen zu treffen. In Meetings oder Verhandlungen können Klärungsfragen dazu beitragen, Missverständnisse zu vermeiden, die die Effizienz und Ergebnisse der Gespräche beeinträchtigen könnten. Wenn alle Teilnehmer die Themen klar verstehen, können sie gezielt und konstruktiv an den Diskussionen teilnehmen.

Zusammenfassend lässt sich sagen, dass Klärungsfragen ein fundamentales Element einer erfolgreichen Kommunikation darstellen. Sie helfen, Unklarheiten auszuräumen, spezifische Informationen zu erhalten und Missverständnisse frühzeitig zu erkennen. In Gesprächen, in denen Komplexität und Emotionen eine Rolle spielen, sind Klärungsfragen besonders wichtig, um sicherzustellen, dass alle Parteien auf einer gemeinsamen Basis agieren. Durch die Förderung eines klaren Verständnisses tragen Klärungsfragen dazu bei, Missverständnisse zu vermeiden und eine konstruktive, respektvolle Kommunikation zu fördern, die letztendlich zu besseren Beziehungen und effektiveren Ergebnissen führt.

Nutzen von Fragetechniken

Der gezielte Einsatz von Fragetechniken bietet eine
Vielzahl von Vorteilen, die in der Kommunikation
und insbesondere in der Konfliktbewältigung
entscheidend sind. Durch die Anwendung dieser
Techniken können Missverständnisse effektiv geklärt
und Kommunikationsbarrieren abgebaut werden.
Missverständnisse entstehen häufig aus unklaren
Aussagen, unterschiedlichen Interpretationen oder
emotionalen Reaktionen. Fragetechniken ermöglichen
es den Gesprächspartnern, Unklarheiten zu benennen
und gezielt nachzufragen, um sicherzustellen, dass alle
Beteiligten die gleichen Informationen und
Perspektiven teilen. Dies fördert nicht nur das
Verständnis zwischen den Konfliktparteien, sondern
ist auch ein wichtiger Schritt, um eine offene und
ehrliche Kommunikation zu ermöglichen.

Ein weiterer wesentlicher Vorteil von Fragetechniken
ist, dass sie den Beteiligten helfen, ihre eigenen
Positionen und Interessen klarer zu artikulieren.
Oftmals sind sich Menschen nicht vollständig über
ihre eigenen Bedürfnisse und Wünsche im Klaren,
insbesondere in konfliktbeladenen Situationen. Durch
gezielte Fragen können die Beteiligten dazu angeregt
werden, ihre Gedanken zu strukturieren und ihre
Ansichten präzise zu formulieren. Dies ist besonders
wichtig, da eine klare Ausdrucksweise dazu beiträgt,

Missverständnisse zu vermeiden und die Wahrscheinlichkeit zu erhöhen, dass eine gemeinsame Lösung gefunden wird.

Wenn die Gesprächspartner die Möglichkeit haben, ihre Sichtweise offen darzulegen und die Perspektiven der anderen zu reflektieren, entsteht ein Raum für konstruktive Diskussionen. Fragetechniken fördern einen Dialog, in dem aktiv zugehört wird, wodurch die Wahrscheinlichkeit steigt, dass die Beteiligten Verständnis für die Ansichten des anderen entwickeln. Diese Reflexion kann entscheidend sein, um Kompromisse zu finden und Lösungen zu erarbeiten, die für alle Seiten akzeptabel sind.

Zusätzlich stärken die angewandten Fragetechniken die Beziehung zwischen den Gesprächspartnern. Indem Fragen gestellt werden, die das Interesse an den Gedanken und Gefühlen des anderen ausdrücken, wird ein Gefühl des Respekts und der Wertschätzung geschaffen. Diese Vorgehensweise ist fundamental für die Schaffung einer positiven Kommunikationsatmosphäre, die für die Lösung von Konflikten unerlässlich ist. Wenn Menschen das Gefühl haben, dass ihre Meinungen und Emotionen ernst genommen werden, sind sie eher bereit, sich auf einen Dialog einzulassen und an einer gemeinsamen Lösung zu arbeiten.

Ein weiterer Aspekt der Fragetechniken ist, dass sie den Kommunikationsprozess dynamischer gestalten. Indem die Beteiligten ermutigt werden, Fragen zu stellen und zu beantworten, wird der Austausch lebendiger und interaktiver. Dies erhöht nicht nur das Engagement der Teilnehmer, sondern führt auch zu einem tiefergehenden Verständnis der jeweiligen Positionen. Eine dynamische Kommunikation ist oft effektiver, da sie dazu führt, dass Themen umfassender beleuchtet werden und verschiedene Perspektiven in die Diskussion einfließen.

Insgesamt sind Fragetechniken ein unverzichtbares Instrument in der Konfliktbewältigung, das es den Beteiligten ermöglicht, Missverständnisse auszuräumen, ihre Positionen zu klären und eine respektvolle sowie konstruktive Kommunikation zu fördern. Diese Techniken bieten nicht nur eine strukturierte Herangehensweise an komplexe Themen, sondern tragen auch zur Schaffung eines Umfeldes bei, in dem Zusammenarbeit und Einvernehmen gefördert werden. Indem die Gesprächspartner aktiv in den Dialog einbezogen werden, können sie nicht nur ihre individuellen Standpunkte präsentieren, sondern auch gemeinsam an Lösungen arbeiten, die für alle Beteiligten vorteilhaft sind. Die Anwendung von Fragetechniken ist somit ein entscheidender Faktor für erfolgreiche und nachhaltige Konfliktlösungsprozesse.

4.4 Verhandlungstechniken im Konflikt

Verhandlungstechniken sind von zentraler Bedeutung, wenn es darum geht, Konflikte zu lösen und tragfähige Lösungen zu finden. In der heutigen komplexen und oft konfliktbeladenen Welt ist die Fähigkeit, effektiv zu verhandeln, eine essentielle Kompetenz. Erfolgreiche Verhandlungen erfordern nicht nur ausgeprägte Kommunikationsfähigkeiten, sondern auch strategisches Denken, Flexibilität und ein tiefes Verständnis für die Dynamik zwischen den Konfliktparteien.

Wichtige Verhandlungstechniken

Interessen statt Positionen: Eine der grundlegendsten und wirkungsvollsten Verhandlungstechniken ist die Fokussierung auf Interessen statt auf starre Positionen. In vielen Konfliktsituationen verharren die Beteiligten oft in ihren festgelegten Positionen, was zu einer verhärteten Front und einem Stillstand führt. Diese Positionen sind häufig unflexibel und können die Verhandlungspartner dazu bringen, den Blick für die eigentlichen Bedürfnisse und Wünsche des anderen zu verlieren. Das Ergebnis ist häufig eine Eskalation des Konflikts und eine verringerten Chance, eine Einigung zu erzielen.

Um diesen Stillstand zu überwinden, ist es entscheidend, die zugrunde liegenden Interessen zu identifizieren, die jede Partei antreiben. Interessen beziehen sich auf die grundlegenden Bedürfnisse, Wünsche und Ziele der Beteiligten – sie sind oft tiefer liegend und vielschichtiger als die konkreten Positionen, die zunächst in den Verhandlungen präsentiert werden. Zum Beispiel kann eine Position, die auf einer konkreten Forderung basiert, wie „Ich möchte 10% mehr Gehalt", aus dem Interesse resultieren, finanzielle Sicherheit zu erlangen oder Wertschätzung für die geleistete Arbeit zu erfahren.

Die Identifikation dieser Interessen erfordert aktives Zuhören und Empathie. Aktives Zuhören bedeutet, den Gesprächspartner nicht nur zu hören, sondern auch zu verstehen und zu reflektieren, was er oder sie sagt. Es beinhaltet, Fragen zu stellen, um Unklarheiten zu beseitigen, und das Gehörte in eigenen Worten zusammenzufassen, um sicherzustellen, dass die Botschaft richtig verstanden wurde. Diese Technik fördert ein tiefes Verständnis für die Perspektiven der anderen Partei und signalisiert gleichzeitig Respekt und Wertschätzung.

Empathie kommt ins Spiel, wenn die Verhandlungspartner nicht nur die Worte des anderen hören, sondern auch die Emotionen und Motivationen hinter diesen Worten wahrnehmen. Indem man sich in die Lage des anderen versetzt, können die Parteien ein besseres Gespür dafür entwickeln, was für die jeweilige Seite wichtig ist und welche Kompromisse möglicherweise akzeptabel wären. Diese emotionale Intelligenz ist entscheidend, um Vertrauen aufzubauen und ein kooperatives Verhandlungsklima zu schaffen.

Die Klärung, was jede Partei wirklich braucht oder wünscht, öffnet die Tür zu kreativen Lösungen. Wenn die Verhandlungsführer gemeinsam die zugrunde liegenden Interessen erkunden, können sie gemeinsame Grundlagen finden, die als Basis für innovative und für beide Seiten vorteilhafte Lösungen dienen. Diese Technik fördert nicht nur die Zusammenarbeit, sondern ermutigt die Parteien auch dazu, über den Tellerrand hinauszudenken und alternative Ansätze zu betrachten, die vielleicht zu einer Win-Win-Situation führen.

Zusammenfassend lässt sich sagen, dass die Fokussierung auf Interessen anstelle von Positionen eine entscheidende Technik in der Verhandlungsführung ist. Sie ermöglicht es den Verhandlungspartnern, die Perspektive des anderen besser zu verstehen und fördert ein Klima der Zusammenarbeit. Indem die Beteiligten ihre eigenen und die Interessen der anderen klar artikulieren, schaffen sie die Grundlage für eine konstruktive und lösungsorientierte Diskussion, die letztlich zu nachhaltigeren und zufriedenstellenderen Ergebnissen führt.

Win-Win-Ansatz: Ein weiterer zentraler Aspekt erfolgreicher Verhandlungen ist der Win-Win-Ansatz. Dieser Ansatz verfolgt das Ziel, Lösungen zu finden, die für beide Parteien vorteilhaft sind, anstatt dass eine Seite auf Kosten der anderen gewinnt. Der Win-Win-Ansatz steht im Gegensatz zu wettbewerbsorientierten Verhandlungsstrategien, bei denen der Fokus auf dem Erreichen der eigenen Ziele ohne Rücksicht auf die Bedürfnisse des anderen liegt.

Der Kern des Win-Win-Ansatzes liegt darin, dass beide Seiten als Partner betrachtet werden, die gemeinsam an einer Lösung arbeiten, die ihre jeweiligen Interessen und Bedürfnisse berücksichtigt. Dies fördert nicht nur eine kooperative Atmosphäre, sondern hat auch den zusätzlichen Vorteil, dass es die Beziehungen zwischen den Konfliktparteien stärkt. Wenn beide Parteien das Gefühl haben, dass ihre Anliegen ernst genommen werden und sie in den Entscheidungsprozess einbezogen sind, steigt die Wahrscheinlichkeit, dass sie sich auf eine Lösung einigen, die für beide Seiten akzeptabel ist.

Ein wichtiger Bestandteil des Win-Win-Ansatzes ist die Bereitschaft zur Zusammenarbeit und zur Offenheit. Beide Parteien müssen bereit sein, Informationen zu teilen, um ein vollständiges Bild ihrer Bedürfnisse und Prioritäten zu vermitteln. Dies erfordert Vertrauen und Transparenz, was wiederum die Grundlage für eine konstruktive Diskussion legt. Wenn die Verhandlungspartner aktiv nach Lösungen suchen, die für beide Seiten vorteilhaft sind, können sie kreative Ansätze entwickeln, die möglicherweise nicht auf den ersten Blick offensichtlich sind.

Die Berücksichtigung der Bedürfnisse und Interessen beider Parteien kann auch dazu beitragen, dass die getroffenen Vereinbarungen langfristig Bestand haben. Wenn die Lösung nicht nur eine der Parteien begünstigt, sondern beiden Seiten zugutekommt, ist die Wahrscheinlichkeit höher, dass sie von beiden nachhaltig akzeptiert wird. Dies reduziert das Risiko von zukünftigen Konflikten und Missverständnissen, da beide Seiten das Gefühl haben, dass ihre Anliegen in der Vereinbarung berücksichtigt wurden.

Ein weiterer Vorteil des Win-Win-Ansatzes ist die positive Dynamik, die er zwischen den Parteien erzeugt. Wenn Verhandlungspartner zusammenarbeiten, um gemeinsame Lösungen zu finden, entsteht ein Gefühl der Gemeinschaft und des gegenseitigen Respekts. Diese Dynamik stärkt das Vertrauen und die Zusammenarbeit, was nicht nur die aktuelle Verhandlung erleichtert, sondern auch zukünftige Interaktionen positiv beeinflusst. Ein starkes Vertrauensverhältnis kann dazu führen, dass die Parteien in zukünftigen Verhandlungen offener und kooperativer sind, was die Wahrscheinlichkeit erhöht, dass auch zukünftige Konflikte konstruktiv gelöst werden.

Zusammenfassend lässt sich sagen, dass der Win-Win-Ansatz eine effektive Strategie für erfolgreiche Verhandlungen darstellt. Er fördert nicht nur eine kooperative Atmosphäre und stärkt die Beziehungen zwischen den Konfliktparteien, sondern erhöht auch die Chance auf langfristige, tragfähige Lösungen. Durch die gemeinsame Suche nach vorteilhaften Ergebnissen für beide Seiten wird das Vertrauen gestärkt und die Grundlage für eine positive zukünftige Zusammenarbeit gelegt. In einer Zeit, in der Konflikte und Herausforderungen in verschiedenen Lebensbereichen an der Tagesordnung sind, ist der Win-Win-Ansatz ein wertvolles Werkzeug, um konstruktive Lösungen zu finden und nachhaltige Beziehungen zu fördern.

Kompromisse: Kompromisse spielen eine entscheidende Rolle in jeder Verhandlung und sind oft der Schlüssel zu einer erfolgreichen Einigung. Die Bereitschaft, Zugeständnisse zu machen, ist nicht nur wichtig, um einen Konsens zu erzielen, sondern auch, um ein Gefühl der Zusammenarbeit und des gegenseitigen Respekts zwischen den

Verhandlungspartnern zu fördern. In einer Verhandlung geht es selten darum, dass eine Partei alles bekommt, was sie möchte; vielmehr ist das Ziel, eine Lösung zu finden, die für alle Beteiligten akzeptabel ist.

Die Kunst des Kompromisses liegt darin, die eigenen Prioritäten klar zu definieren. Dies bedeutet, dass jede Partei sich Zeit nehmen sollte, um ihre wichtigsten Anliegen und Ziele zu identifizieren. Indem man sich über die eigenen Kerninteressen im Klaren ist, wird es einfacher, Flexibilität in anderen Bereichen zu zeigen, wo möglicherweise Zugeständnisse gemacht werden können. Es ist wichtig, die eigenen Positionen nicht starr zu betrachten, sondern offen und kreativ zu bleiben. So können Verhandlungspartner alternative Lösungen in Betracht ziehen, die den Bedürfnissen beider Seiten gerecht werden.

Ein weiterer wichtiger Aspekt des Kompromisses ist die Fähigkeit, die Perspektive des anderen zu verstehen. Indem man aktiv zuhört und sich bemüht, die Anliegen und Bedenken der anderen Partei nachzuvollziehen, kann man einen Dialog entwickeln, der auf Verständnis und Respekt basiert. Diese Art der Kommunikation fördert nicht nur eine positive Atmosphäre, sondern hilft auch, Spannungen abzubauen. Wenn beide Parteien sehen, dass die andere Seite bereit ist, einen Teil ihrer Position aufzugeben, um eine gemeinsame Lösung zu finden, wird das Vertrauen gestärkt und die Wahrscheinlichkeit einer Einigung erhöht.

Kompromisse sind oft mit einem gewissen Maß an Risiko verbunden, da sie bedeuten, dass man auf bestimmte Forderungen verzichtet, um eine Einigung zu erzielen. Daher ist es wichtig, strategisch und bewusst vorzugehen. Ein erfolgreicher Kompromiss sollte nicht dazu führen, dass man seine Kerninteressen aus den Augen verliert. Stattdessen sollte er so gestaltet sein, dass er die wesentlichen Bedürfnisse beider Parteien berücksichtigt und gleichzeitig Raum für Flexibilität lässt.

Darüber hinaus können Kompromisse auch dazu beitragen, die Verhandlungsdynamik positiv zu beeinflussen. Wenn die Parteien sehen, dass ihre Bemühungen um einen Kompromiss zu einem konstruktiven Ergebnis führen, steigt die Motivation, weiterhin kooperativ zu arbeiten. Dies kann zu einer produktiven Atmosphäre führen, in der kreatives Problemlösen und die Entwicklung innovativer Lösungen gefördert werden.

Zusammenfassend lässt sich sagen, dass Kompromisse ein unverzichtbarer Bestandteil jeder Verhandlung sind. Sie ermöglichen es den Beteiligten, eine Lösung zu finden, die für alle akzeptabel ist, und stärken gleichzeitig die Beziehungen zwischen den Parteien.

Die Bereitschaft, Zugeständnisse zu machen, und die Fähigkeit, die eigenen Prioritäten klar zu definieren, während man die Kerninteressen im Auge behält, sind entscheidend für den Erfolg. Durch die Förderung eines offenen Dialogs und das Abbau von Spannungen können Kompromisse zu einer positiven Verhandlungsdynamik führen, die letztlich zu nachhaltigen und zufriedenstellenden Ergebnissen für alle Beteiligten führt.

Zielorientierte Verhandlungen: Ein weiterer wichtiger Aspekt erfolgreicher Verhandlungen ist die Festlegung klarer, realistischer Ziele. Die Definition solcher Ziele spielt eine entscheidende Rolle, da sie den Rahmen und die Richtung der gesamten Verhandlungsbemühungen festlegt. Bevor die Parteien in die Verhandlungen eintreten, sollten sie sich intensiv mit ihren Wünschen und Bedürfnissen auseinandersetzen und sich darüber im Klaren sein, was sie konkret erreichen möchten. Diese Zielsetzung ist nicht nur eine formale Übung, sondern bildet die Grundlage für den Verhandlungsprozess und beeinflusst maßgeblich den Erfolg oder Misserfolg der Gespräche.

Die festgelegten Ziele sollten konkret, messbar und erreichbar sein. Ein konkretes Ziel bedeutet, dass es klar und eindeutig formuliert ist, sodass alle Beteiligten genau wissen, worum es geht. Messbarkeit ist ebenso wichtig, da sie es den Parteien ermöglicht, den Fortschritt während der Verhandlungen zu verfolgen und zu bewerten, ob sie sich in die richtige Richtung bewegen. Erreichbarkeit ist der dritte entscheidende Faktor: Die Ziele sollten realistisch sein, basierend auf den verfügbaren Ressourcen, der Marktsituation und den Interessen der anderen Partei. Unrealistische Ziele können zu Frustration und einer negativen Verhandlungsatmosphäre führen, während realistische, erreichbare Ziele die Motivation und das Engagement der Beteiligten fördern.

Ein klar definiertes Ziel gibt den Verhandlungen nicht nur eine Richtung und Struktur, sondern hilft auch, den Fokus auf die wesentlichen Punkte zu lenken. In vielen Fällen neigen Verhandlungen dazu, sich in Nebenfragen oder unwichtigen Details zu verlieren, was die Effizienz des Prozesses beeinträchtigen kann. Mit klaren Zielen vor Augen können die Parteien ihre Argumentation und ihre Strategien gezielt auf die Erreichung dieser Ziele ausrichten. Dies ermöglicht es, die Diskussionen auf relevante Themen zu konzentrieren und somit Zeit und Ressourcen effektiver zu nutzen.

Darüber hinaus ermöglicht eine klare Zielsetzung den Parteien, Fortschritte zu erkennen und bei Bedarf Anpassungen vorzunehmen. Verhandlungen sind oft dynamisch und können von unvorhergesehenen

Umständen oder neuen Informationen beeinflusst werden. Wenn die Parteien ihre Ziele im Auge behalten, können sie flexibel auf Veränderungen reagieren und gegebenenfalls ihre Strategien anpassen, um weiterhin auf das angestrebte Ergebnis hinzuarbeiten. Diese Anpassungsfähigkeit ist besonders wichtig, da sie den Verhandlungspartnern hilft, auch in schwierigen Situationen konstruktiv zu bleiben und nicht aus der Bahn geworfen zu werden.

Ein weiterer Vorteil zielorientierter Verhandlungen ist, dass sie die Kommunikation zwischen den Parteien verbessern können. Wenn beide Seiten wissen, was die jeweils andere Partei anstrebt, können sie offener und transparenter kommunizieren. Dies fördert nicht nur das Vertrauen, sondern kann auch kreative Lösungen hervorbringen, die möglicherweise nicht in Betracht gezogen worden wären, wenn die Zielsetzungen unklar gewesen wären.

Zusammenfassend lässt sich sagen, dass die Festlegung klarer, realistischer Ziele ein wesentlicher Bestandteil erfolgreicher Verhandlungen ist. Klare Ziele geben den Verhandlungen Struktur und Richtung, helfen, den Fokus auf die wesentlichen Punkte zu lenken, und ermöglichen es den Parteien, Fortschritte zu erkennen und flexibel auf Veränderungen zu reagieren. Indem die Parteien ihre Ziele klar definieren und kommunizieren, fördern sie nicht nur eine konstruktive Verhandlungsatmosphäre, sondern erhöhen auch die Wahrscheinlichkeit, eine für alle Seiten akzeptable Lösung zu finden. Zielorientierte Verhandlungen sind somit nicht nur ein strategisches Werkzeug, sondern auch ein entscheidender Faktor für den langfristigen Erfolg in jeder Art von Verhandlungssituation.

Deeskalationstechniken: In hitzigen Verhandlungssituationen können Emotionen schnell hochkochen und die Diskussion in eine destruktive Richtung drängen. Oftmals sind es tief verwurzelte Überzeugungen, persönliche Investitionen oder auch Missverständnisse, die zu einer emotionalen Eskalation führen können. Wenn dies geschieht, wird es für die Parteien zunehmend schwieriger, rationale Entscheidungen zu treffen und konstruktiv miteinander zu kommunizieren. In solchen Momenten sind Deeskalationstechniken von entscheidender Bedeutung, um die Situation zu beruhigen und den Verhandlungsprozess wieder auf eine produktive Bahn zu lenken.

Eine der effektivsten Deeskalationstechniken ist das Einlegen von Pausen. Wenn die Emotionen hochkochen, kann eine kurze Unterbrechung der Verhandlungen den Parteien die Möglichkeit geben, sich zu sammeln und ihre Gedanken zu ordnen. Diese Pausen sollten nicht als Zeichen von Schwäche oder

Versagen betrachtet werden, sondern vielmehr als strategisches Werkzeug, um der Situation Raum zu geben. Während einer Pause können die Beteiligten in Ruhe reflektieren, ihre Emotionen regulieren und sich auf die Ziele der Verhandlungen besinnen. Diese kurze Distanz kann oft dazu führen, dass die Parteien mit einem klareren Kopf zurückkehren und bereit sind, die Diskussion wieder auf eine konstruktive Ebene zu bringen.

Zusätzlich zur Einlegung von Pausen ist die Verwendung beruhigender und respektvoller Sprache ein weiterer wichtiger Aspekt der Deeskalation. Die Art und Weise, wie wir kommunizieren, hat einen direkten Einfluss auf die Emotionen in einem Gespräch. Indem man bewusst auf eine freundliche, respektvolle und empathische Sprache achtet, können Spannungen abgebaut und ein Gefühl der Zusammenarbeit gefördert werden. Aussagen wie „Ich verstehe, dass dies für Sie wichtig ist" oder „Lassen Sie uns gemeinsam nach einer Lösung suchen" können dazu beitragen, das Vertrauen zwischen den Parteien zu stärken und die Bereitschaft zur Zusammenarbeit zu fördern. Zu vermeiden sind aggressive oder konfrontative Formulierungen, die weitere Konflikte hervorrufen können.

Ein weiterer wichtiger Aspekt der Deeskalation ist das aktive Zuhören. Indem die Parteien einander aufmerksam zuhören und die Perspektive des anderen ernst nehmen, wird nicht nur das Gefühl der Wertschätzung gefördert, sondern auch Missverständnisse können reduziert werden. Aktives Zuhören signalisiert, dass man bereit ist, die Sorgen und Bedenken der anderen Partei zu verstehen und zu berücksichtigen. Dies kann helfen, die Emotionalität aus der Diskussion zu nehmen und den Fokus auf die sachlichen Aspekte des Konflikts zu lenken.

Zudem kann es hilfreich sein, die Diskussion auf gemeinsame Interessen oder Ziele zu lenken. Wenn die Partcien erkennen, dass sie in bestimmten Punkten Übereinstimmung haben, kann dies dazu beitragen, eine positive Atmosphäre zu schaffen und die Spannungen zu verringern. Das Herausarbeiten von Gemeinsamkeiten kann die Verhandlungsdynamik verändern und dazu führen, dass die Parteien sich weniger als Gegner, sondern vielmehr als Partner in einem gemeinsamen Lösungsprozess sehen.

Ein weiterer effektiver Ansatz ist die Visualisierung der Probleme und Lösungen. Durch das Erstellen von Diagrammen oder Listen, auf denen die verschiedenen Punkte und Interessen festgehalten werden, kann der Fokus von emotionalen Auseinandersetzungen hin zu einer sachlichen Diskussion verschoben werden. Visualisierungen helfen den Parteien, den Überblick zu behalten und klarer zu erkennen, wo mögliche Kompromisse liegen könnten.

Zusammenfassend lässt sich sagen, dass Deeskalationstechniken in hitzigen Verhandlungssituationen unerlässlich sind, um die Emotionen zu regulieren und eine konstruktive Diskussion aufrechtzuerhalten. Das Einlegen von Pausen, die Verwendung respektvoller Sprache, aktives Zuhören und das Fokussieren auf gemeinsame Ziele sind alles wirkungsvolle Strategien, die helfen, Spannungen abzubauen und den Verhandlungsprozess wieder in eine positive Richtung zu lenken. Indem die Parteien ihre Emotionen im Griff behalten und sich auf die wesentlichen Punkte konzentrieren, erhöhen sie die Wahrscheinlichkeit, zu einer für alle Beteiligten akzeptablen Lösung zu gelangen. Deeskalation ist somit nicht nur eine Frage der Konfliktbewältigung, sondern auch eine Schlüsselkompetenz für erfolgreiche Verhandlungen.

Fazit zu Verhandlungstechniken

Zusammenfassend lässt sich sagen, dass Verhandlungstechniken essenziell für eine erfolgreiche Konfliktbewältigung sind. In jeder Art von Verhandlung – sei es im beruflichen Umfeld, in persönlichen Beziehungen oder in der politischen Arena – ist die Fähigkeit, effektiv zu kommunizieren und zu verhandeln, von entscheidender Bedeutung. Diese Techniken ermöglichen es den Parteien, ihre Interessen klarer zu artikulieren und die Anliegen der anderen Seite zu verstehen. Durch den gezielten Einsatz dieser Techniken können sie nicht nur ihre Positionen darlegen, sondern auch die Sichtweisen der anderen Parteien anerkennen und berücksichtigen.

Ein zentrales Element effektiver Verhandlungen ist die Fähigkeit, gemeinsam an Lösungen zu arbeiten, die für alle Beteiligten akzeptabel sind. Dies erfordert oft eine kreative Herangehensweise, bei der die Parteien bereit sind, über den Tellerrand hinauszuschauen und alternative Lösungsansätze in Betracht zu ziehen. Die Anwendung von Techniken wie Brainstorming, aktives Zuhören und das Entwickeln von Win-Win-Situationen fördert eine Atmosphäre der Zusammenarbeit und des gegenseitigen Respekts. Wenn alle Parteien das Gefühl haben, dass ihre Bedürfnisse und Anliegen ernst genommen werden, steigt die Wahrscheinlichkeit, dass sie bereit sind, Kompromisse einzugehen und gemeinsam eine Lösung zu finden.

Darüber hinaus führen effektive Verhandlungen nicht nur zur Lösung des aktuellen Konflikts, sondern sie stärken auch die Beziehungen und das Vertrauen zwischen den Konfliktparteien. Indem Parteien lernen, konstruktiv miteinander umzugehen und

Konflikte offen anzusprechen, bauen sie eine Grundlage für zukünftige Interaktionen auf. Ein positiver Verlauf von Verhandlungen kann dazu beitragen, Missverständnisse abzubauen, das gegenseitige Verständnis zu fördern und eine langfristige Zusammenarbeit zu ermöglichen. Vertrauen ist ein entscheidender Faktor in jeder Beziehung, und erfolgreiche Verhandlungen tragen dazu bei, dieses Vertrauen zu festigen.

Insgesamt sind die im Kapitel beschriebenen Kommunikations- und Verhandlungstechniken unverzichtbare Werkzeuge für jeden, der Konflikte konstruktiv angehen und lösen möchte. Sie sind nicht nur für Mediatoren oder Verhandlungsführer von Bedeutung, sondern für jeden, der in der Lage sein möchte, in schwierigen Situationen effektiv zu kommunizieren. Diese Techniken fördern das Verständnis, die Zusammenarbeit und die Fähigkeit, gemeinsam Lösungen zu finden, die die Bedürfnisse aller Parteien berücksichtigen.

Darüber hinaus sind sie besonders wichtig in einer Welt, in der Konflikte unvermeidlich sind. Ob in Unternehmen, wo Teamarbeit und interdisziplinäre Zusammenarbeit entscheidend sind, oder in der Gesellschaft im Allgemeinen, in der unterschiedliche Meinungen und Interessen aufeinandertreffen – die Fähigkeit, Konflikte konstruktiv anzugehen, ist entscheidend für den sozialen Zusammenhalt und die persönliche Entwicklung.

Schließlich ist es wichtig zu betonen, dass die Beherrschung dieser Fähigkeiten nicht nur kurzfristige Vorteile bringt. Langfristig tragen sie dazu bei, ein Klima des Respekts und der Offenheit zu schaffen, in dem Konflikte nicht als Bedrohung, sondern als Chance zur Verbesserung und zum Wachstum gesehen werden. Durch die kontinuierliche Anwendung und Verfeinerung dieser Verhandlungstechniken entwickeln Individuen und Organisationen die Fähigkeit, Herausforderungen nicht nur zu bewältigen, sondern auch gestärkt aus ihnen hervorzugehen und nachhaltige Ergebnisse zu erzielen. In einer komplexen und dynamischen Welt sind diese Fähigkeiten entscheidend, um konstruktiv und produktiv mit den Herausforderungen des Lebens umzugehen und dabei sowohl persönliche als auch gemeinschaftliche Ziele zu erreichen.

Kapitel 5: Szenarien und Fallstudien

In diesem Kapitel werden wir verschiedene Aspekte von Konfliktsituationen im beruflichen Kontext beleuchten. Wir analysieren Konfrontationsszenarien, untersuchen erfolgreiche Konfliktlösungen anhand von Fallstudien und reflektieren gescheiterte Konfliktlösungen, um wertvolle Erkenntnisse für zukünftige Verhandlungen zu gewinnen. Das Verständnis dieser Szenarien und deren Dynamik ist entscheidend für die Entwicklung von Fähigkeiten zur Konfliktbewältigung.

5.1 Konfrontationsszenarien im beruflichen Kontext

Konfrontationsszenarien im beruflichen Umfeld können sehr unterschiedlich sein und reichen von interpersonellen Konflikten zwischen Kollegen bis hin zu größeren Auseinandersetzungen zwischen Abteilungen oder sogar innerhalb des Managements. Diese Konflikte entstehen häufig aus unterschiedlichen Interessen, unklaren Erwartungen oder Kommunikationsproblemen. Hier sind einige gängige Szenarien:

1. **Teamkonflikte**: Teamkonflikte sind oft eine unvermeidliche Folge der Vielfalt, die in modernen Arbeitsumgebungen zu finden ist.

Diese Konflikte entstehen, wenn Teammitglieder unterschiedliche Arbeitsstile, Persönlichkeiten und Herangehensweisen haben, was zu Spannungen und Missverständnissen führen kann. Um diese Dynamik besser zu verstehen, ist es wichtig, die verschiedenen Faktoren zu betrachten, die zu Teamkonflikten beitragen, sowie deren Auswirkungen auf die Produktivität und das Arbeitsklima.

Unterschiedliche Arbeitsstile

In einem Team können die Mitglieder eine Vielzahl von Arbeitsstilen haben. Einige Mitarbeiter sind eher kreativ und visionär, während andere einen strukturierten, analytischen Ansatz bevorzugen. Ein kreativer Mitarbeiter könnte dazu neigen, neue Ideen und innovative Ansätze zu entwickeln, während ein analytischer Kollege möglicherweise dazu geneigt ist, diese Ideen kritisch zu hinterfragen und Risiken zu identifizieren.

Wenn der kreative Mitarbeiter ständig auf neue Konzepte drängt, könnte der analytische Kollege frustriert reagieren, da er sich um die Machbarkeit und die potenziellen Probleme dieser Ideen sorgt. Diese unterschiedliche

Herangehensweise kann zu einem Gefühl der Entmutigung auf Seiten des kreativen Mitarbeiters führen, der das Gefühl hat, dass seine Vorschläge nicht geschätzt werden. Solche Spannungen können sich schnell zu einem Konflikt entwickeln, der das gesamte Team betrifft.

Persönlichkeiten im Team

Die unterschiedlichen Persönlichkeiten innerhalb eines Teams tragen ebenfalls zur Konfliktdynamik bei. Einige Teammitglieder sind möglicherweise extrovertiert und neigen dazu, ihre Meinungen lautstark zu äußern, während andere introvertierter sind und ihre Gedanken lieber zurückhaltend kommunizieren. Diese Unterschiede können dazu führen, dass sich einige Mitarbeiter übersehen oder ignoriert fühlen, während andere das Gefühl haben, dass ihre Beiträge nicht ausreichend gewürdigt werden.

Ein Beispiel könnte ein Team sein, in dem ein dominanter Mitarbeiter häufig das Wort ergreift und die Diskussion lenkt. Introvertierte Teammitglieder könnten sich zurückziehen und ihre Ideen nicht äußern, was zu einem Ungleichgewicht in der Teamdynamik führt. Diese Spannungen können dazu führen, dass sich Mitarbeiter frustriert fühlen und die Zusammenarbeit leidet.

Herangehensweisen an Probleme

Die Herangehensweise an Probleme und Aufgaben kann ebenfalls ein Konfliktfeld darstellen. Einige Teammitglieder könnten eine pragmatische, ergebnisorientierte Herangehensweise bevorzugen, während andere Wert auf den Prozess und die Zusammenarbeit legen. Diese Unterschiede können zu Missverständnissen führen, wenn beispielsweise ein Teammitglied einen schnellen, direkten Ansatz anstrebt, während ein anderes Teammitglied Zeit für Diskussion und Konsensbildung benötigt.

Ein konkretes Beispiel könnte ein Projektteam sein, das an einer neuen Produktentwicklung arbeitet. Der Projektleiter könnte bestrebt sein, die Fristen einzuhalten und Entscheidungen schnell zu treffen, während die Designerin darauf besteht, dass genügend Zeit für kreative Überlegungen und Feedback eingeplant wird. Wenn diese unterschiedlichen Herangehensweisen nicht anerkannt und respektiert werden, kann dies zu Spannungen und Konflikten führen.

Auswirkungen auf Produktivität und Arbeitsklima

Die Auswirkungen von Teamkonflikten sind oft tiefgreifend und können sowohl die Produktivität als auch das Arbeitsklima erheblich beeinträchtigen. Wenn Konflikte ungelöst bleiben, kann dies zu einem Rückgang der Zusammenarbeit führen, da Teammitglieder möglicherweise versuchen, sich von den Konfliktparteien zu distanzieren oder in ihren eigenen Arbeitsbereichen zu arbeiten. Die Kommunikation kann leiden, was zu Missverständnissen und Fehlern führt.

Zusätzlich kann ein angespanntes Arbeitsklima das Engagement und die Motivation der Mitarbeiter beeinträchtigen. Teammitglieder, die sich in einem Konflikt befinden oder Zeugen eines ungelösten Konflikts werden, könnten sich zurückziehen, weniger bereit sein, ihre Ideen zu teilen, und ein allgemeines Gefühl der Unzufriedenheit entwickeln. Langfristig kann dies zu einer hohen Fluktuation von Mitarbeitern führen, die das Unternehmen verlassen, um in einem harmonischeren Umfeld zu arbeiten.

Lösungen für Teamkonflikte

Um Teamkonflikte effektiv zu bewältigen, ist es entscheidend, dass das Management und die Teammitglieder proaktive Schritte unternehmen. Dazu gehören:

Förderung offener Kommunikation: Ein Umfeld zu schaffen, in dem Teammitglieder ihre Meinungen und Bedenken ohne Angst vor Repressalien äußern können, ist entscheidend. Regelmäßige Meetings und Team-Building-Aktivitäten können helfen, das Vertrauen zu stärken.

Mediation und Konfliktlösung: In Fällen, in denen Konflikte festgefahren sind, kann die Einbeziehung eines neutralen Dritten, wie eines Mediators, hilfreich sein. Diese Person kann helfen, die Perspektiven beider Seiten zu verstehen und einen Dialog zu initiieren.

Wertschätzung der Vielfalt: Das Anerkennen und Wertschätzen unterschiedlicher Arbeitsstile und Persönlichkeiten kann dazu beitragen, ein inklusives Arbeitsumfeld zu schaffen, in dem jeder Mitarbeiter sich respektiert und gehört fühlt.

Teamentwicklung: Schulungen zur Konfliktbewältigung und zur Förderung der

Teamdynamik können die Fähigkeiten der Teammitglieder stärken, Konflikte konstruktiv zu lösen und eine positive Zusammenarbeit zu fördern.

Teamkonflikte sind eine natürliche Konsequenz der Vielfalt in der Arbeitswelt. Indem wir die unterschiedlichen Arbeitsstile, Persönlichkeiten und Herangehensweisen verstehen, können wir effektive Strategien entwickeln, um Spannungen abzubauen und die Zusammenarbeit zu verbessern. Ein proaktiver Umgang mit Konflikten ist entscheidend, um ein produktives und harmonisches Arbeitsumfeld zu schaffen, das sowohl das Wohlbefinden der Mitarbeiter als auch die Unternehmensziele fördert.

2. **Abteilungsübergreifende Konflikte**: Abteilungsübergreifende Konflikte entstehen häufig, wenn verschiedene Abteilungen innerhalb eines Unternehmens unterschiedliche Ziele, Prioritäten oder Ansätze verfolgen. Diese Konflikte können Rivalitäten, Missverständnisse und Spannungen hervorrufen, die sowohl die Zusammenarbeit als auch die Effizienz beeinträchtigen. Betrachtet man die Dynamik zwischen

verschiedenen Abteilungen, wird deutlich, wie entscheidend das Verständnis und die Koordination für den Erfolg eines Unternehmens sind.

Unterschiede in Zielen und Prioritäten

Die Ziele einer Abteilung können stark von den Zielen einer anderen Abteilung abweichen, was zu Spannungen führt. Nehmen wir als Beispiel die Marketing- und Finanzabteilung eines Unternehmens. Die Marketingabteilung könnte sich darauf konzentrieren, den Umsatz durch aggressive Verkaufsstrategien zu steigern. Sie könnten neue Produkteinführungen, Werbekampagnen und Promotions planen, um das Kundeninteresse zu maximieren und den Marktanteil zu erhöhen. Das primäre Ziel der Marketingabteilung ist es, den Umsatz zu steigern und das Unternehmensimage zu fördern.

Im Gegensatz dazu verfolgt die Finanzabteilung oft eine konservativere Herangehensweise. Ihr Hauptaugenmerk liegt auf der Sicherstellung der finanziellen Stabilität des Unternehmens, der Kontrolle der Ausgaben und der Risikominimierung. Wenn die Finanzabteilung beispielsweise der

Meinung ist, dass die vorgeschlagenen Marketingstrategien zu riskant sind oder die Kosten nicht rechtfertigen, könnte sie sich gegen die Umsetzung dieser Strategien aussprechen.

Rivalitäten und Missverständnisse

Die unterschiedlichen Ansätze und Prioritäten können Rivalitäten zwischen den Abteilungen hervorrufen. Wenn die Marketingabteilung ihre aggressiven Verkaufsstrategien nicht umsetzen kann, könnte dies zu Frustrationen führen, da sie das Gefühl hat, dass die Finanzabteilung ihre kreativen Ideen und den Geschäftswachstumsdrang behindert. Umgekehrt könnte die Finanzabteilung die Marketingabteilung als unvernünftig und verantwortungslos empfinden, weil sie sich nicht an die Budgetvorgaben hält.

Diese Rivalität kann sich in der Kommunikation zwischen den Abteilungen manifestieren. Wenn Teammitglieder aus der Marketingabteilung mit Finanzvertretern sprechen, könnte es zu einem defensiven Verhalten kommen, da sie das Gefühl haben, sich rechtfertigen zu müssen. Auf der anderen Seite könnte die Finanzabteilung in ihren Gesprächen mit der Marketingabteilung von einem Gefühl der Überlegenheit geprägt sein, da sie die Kontrolle über die finanziellen Ressourcen hat. Diese Spannungen können zu einem schädlichen Arbeitsumfeld führen, in dem die Zusammenarbeit leidet und wichtige Informationen nicht effizient ausgetauscht werden.

Entscheidungsfindung und Stillstand

Ein weiterer gravierender Effekt abteilungsübergreifender Konflikte ist der Stillstand bei der Entscheidungsfindung. Wenn beispielsweise die Marketingabteilung eine neue Kampagne vorschlägt, aber die Finanzabteilung nicht bereit ist, die erforderlichen Mittel freizugeben, kann dies zu Verzögerungen in der Umsetzung führen. Eine solche Blockade kann bedeuten, dass wertvolle Marktchancen verpasst werden, was wiederum den Wettbewerbsnachteil des Unternehmens verstärken kann.

Stellen Sie sich vor, ein Unternehmen plant die Einführung eines neuen Produkts. Die Marketingabteilung hat eine umfassende Strategie entwickelt, um das Produkt mit einer groß angelegten Werbekampagne zu bewerben. Wenn die Finanzabteilung jedoch Bedenken hinsichtlich der Rentabilität äußert und die Freigabe des Budgets verzögert, kann dies dazu führen, dass die Markteinführung hinausgezögert wird. In der schnelllebigen Geschäftswelt können solche Verzögerungen katastrophale Folgen haben, da Wettbewerber möglicherweise schneller auf den Markt kommen und die potenziellen Kunden abwerben.

Auswirkungen auf das Unternehmen

Die negativen Auswirkungen abteilungsübergreifender Konflikte sind nicht nur auf das Verhältnis zwischen den betroffenen Abteilungen beschränkt. Sie können das Unternehmen als Ganzes behindern. Ein Mangel an Zusammenarbeit und Abstimmung zwischen Abteilungen kann zu ineffizienten Prozessen, unklaren Verantwortlichkeiten und einem Gefühl der Frustration bei den Mitarbeitern führen.

Darüber hinaus kann dies das Unternehmensimage nach außen hin beeinträchtigen. Wenn Abteilungen nicht harmonisch zusammenarbeiten, spiegelt sich dies oft in der Qualität der Produkte oder Dienstleistungen wider, die das Unternehmen seinen Kunden anbietet. Ein unzufriedener Kunde, der auf ein Produkt wartet oder von einer schlecht koordinierten Marketingkampagne verwirrt ist, kann sich negativ auf die Kundenbindung und den Ruf des Unternehmens auswirken.

Strategien zur Konfliktbewältigung

Um abteilungsübergreifende Konflikte zu minimieren und die Zusammenarbeit zu fördern, sollten Unternehmen proaktive Strategien entwickeln. Dazu gehören:

Interdisziplinäre Teams: Interdisziplinäre Teams sind Gruppen, die aus Mitgliedern verschiedener Abteilungen zusammengesetzt sind, und sie spielen eine entscheidende Rolle in der Förderung der Zusammenarbeit und des Verständnisses innerhalb eines Unternehmens. Die Bildung solcher Teams ermöglicht es, eine Vielzahl von Perspektiven und Fachkenntnissen zu kombinieren, was zu innovativeren Lösungen und einem umfassenderen Ansatz für Problemlösungen führt.

Wenn Mitarbeiter aus unterschiedlichen Bereichen — wie Marketing, Finanzen, Forschung und Entwicklung oder Kundenservice — zusammenarbeiten, bringen sie jeweils ihre eigenen Erfahrungen,

Kenntnisse und Sichtweisen ein. Dies fördert nicht nur die Kreativität, sondern hilft auch, die spezifischen Bedürfnisse und Prioritäten jeder Abteilung zu berücksichtigen. Indem Teammitglieder aktiv ihre Ideen und Ansichten austauschen, wird ein offenes Forum geschaffen, in dem verschiedene Ansätze und Lösungswege diskutiert werden können.

Durch die enge Zusammenarbeit an gemeinsamen Projekten können die Mitglieder interdisziplinärer Teams ein tieferes Verständnis für die Herausforderungen entwickeln, mit denen ihre Kollegen konfrontiert sind. Beispielsweise könnte ein Marketingmitarbeiter, der zuvor wenig über die finanziellen Aspekte von Kampagnen nachgedacht hat, durch den Austausch mit der Finanzabteilung ein besseres Gefühl dafür bekommen, welche Budgets realistisch sind und wie finanzielle Überlegungen die Marketingstrategien beeinflussen können. Umgekehrt könnte ein Mitarbeiter aus der Finanzabteilung durch die Mitarbeit in einem interdisziplinären Team erkennen, welche innovativen Ideen im Marketingbereich entstehen und wie diese zur Erreichung der Unternehmensziele beitragen können.

Ein weiterer Vorteil interdisziplinärer Teams ist, dass sie das Gefühl der Zusammengehörigkeit und den Teamgeist innerhalb des Unternehmens stärken. Wenn Mitarbeiter sehen, dass ihre Perspektiven geschätzt werden und dass sie in die Entscheidungsprozesse einbezogen werden, erhöht dies nicht nur die Motivation, sondern auch die Mitarbeiterzufriedenheit. Dies kann zu einer positiven Unternehmenskultur führen, in der jeder Mitarbeiter das Gefühl hat, einen wertvollen Beitrag zu leisten.

Zusammenfassend lässt sich sagen, dass interdisziplinäre Teams eine wertvolle Strategie darstellen, um abteilungsübergreifende Konflikte zu vermeiden und die Zusammenarbeit zu fördern. Sie tragen dazu bei, Barrieren abzubauen, Verständnis zu fördern und innovative Lösungen zu entwickeln, die letztlich dem Unternehmen als Ganzes zugutekommen.

Klare Kommunikation: Klare Kommunikation ist ein wesentlicher Bestandteil einer erfolgreichen Zusammenarbeit zwischen verschiedenen Abteilungen in einem Unternehmen. Regelmäßige Meetings und offene Kommunikationskanäle sind hierbei von entscheidender Bedeutung, da sie dazu beitragen, eine transparente und effektive Informationsweitergabe zu gewährleisten.

Regelmäßige Meetings bieten den Rahmen, in dem Mitarbeiter aus unterschiedlichen Abteilungen zusammenkommen, um aktuelle Projekte, Herausforderungen und Fortschritte zu besprechen. Diese Treffen sollten nicht nur auf die Präsentation von Informationen beschränkt sein, sondern auch Raum für Diskussionen und den Austausch von Ideen bieten. Durch diese Interaktion können Teammitglieder Fragen stellen, Unklarheiten beseitigen und wertvolles Feedback geben. Solche Meetings fördern nicht nur das Verständnis für die jeweiligen Abteilungsziele, sondern auch ein Gefühl der Zusammengehörigkeit und des gemeinsamen Engagements für die Unternehmensziele.

Darüber hinaus ist es wichtig, dass diese Meetings regelmäßig stattfinden, um sicherzustellen, dass alle Beteiligten über die neuesten Entwicklungen informiert sind. Ein einmal monatlich stattfindendes Meeting kann nicht ausreichen, wenn sich die Anforderungen und Prioritäten in einem dynamischen Geschäftsumfeld schnell ändern. Wöchentliche oder sogar tägliche Stand-up-Meetings können dazu beitragen, dass alle Teammitglieder auf dem gleichen Stand sind, Probleme zeitnah angegangen werden und die Zusammenarbeit reibungslos verläuft.

Offene Kommunikationskanäle sind ebenfalls entscheidend für eine klare Kommunikation. Diese Kanäle können durch verschiedene Tools wie Instant Messaging, E-Mail, interne Foren oder Projektmanagement-Software etabliert werden. Wichtig ist, dass diese Plattformen für alle Mitarbeiter zugänglich sind und dass eine Kultur gefördert wird, in der Fragen und Anregungen jederzeit willkommen sind. Wenn Mitarbeiter wissen, dass sie jederzeit Unterstützung oder Rat von Kollegen aus anderen Abteilungen einholen können, wird das Vertrauen in die interdepartementale Zusammenarbeit gestärkt.

Ein weiterer Aspekt klarer Kommunikation ist die Festlegung gemeinsamer Ziele und Erwartungen. Wenn alle Abteilungen auf dieselben übergeordneten Ziele hinarbeiten, wird es einfacher, individuelle Abteilungsziele zu definieren, die mit diesen Zielen in Einklang stehen. Die gemeinsame Festlegung von Zielen im Rahmen von Meetings ermöglicht es den

Abteilungen, Verantwortung für ihre jeweiligen Beiträge zu übernehmen und sicherzustellen, dass alle auf dasselbe Ergebnis hinarbeiten.

Der Austausch von Informationen ist unerlässlich, um Missverständnisse zu vermeiden. Oft entstehen Konflikte aus Fehlinformationen oder einem Mangel an Informationen, die zu falschen Annahmen führen können. Indem Abteilungen regelmäßig Updates zu ihren Fortschritten, Herausforderungen und Bedürfnissen kommunizieren, können sie sicherstellen, dass alle Beteiligten die gleichen Informationen haben und Missverständnisse proaktiv angegangen werden.

Zusammenfassend lässt sich sagen, dass klare Kommunikation durch regelmäßige Meetings und offene Kommunikationskanäle ein grundlegendes Element für den Erfolg abteilungsübergreifender Zusammenarbeit ist. Sie fördert das Verständnis, minimiert Missverständnisse und ermöglicht die Definition gemeinsamer Ziele, was letztlich zu einer harmonischeren und produktiveren Arbeitsumgebung führt.

Zielausrichtung: Zielausrichtung ist ein entscheidender Faktor für den Erfolg eines Unternehmens, insbesondere in einer Umgebung, in der verschiedene Abteilungen wie Marketing und Finanzen eng zusammenarbeiten müssen. Das Festlegen gemeinsamer Unternehmensziele, die für alle Beteiligten relevant sind, spielt eine zentrale Rolle dabei, ein Gefühl der Zusammenarbeit und des gemeinsamen Engagements zu fördern.

Gemeinsame Unternehmensziele sollten klar definiert und für alle Abteilungen verständlich sein. Diese Ziele sollten idealerweise spezifisch, messbar, erreichbar, relevant und zeitgebunden (SMART) formuliert werden. Ein Beispiel könnte ein Ziel sein, den Umsatz um 20 % innerhalb eines bestimmten Zeitraums zu steigern, was sowohl die Marketingabteilung — die für die Generierung von Leads und die Promotion von Produkten verantwortlich ist — als auch die Finanzabteilung — die Budgets verwaltet und die wirtschaftliche Machbarkeit überprüft — betrifft. Solche Ziele schaffen einen gemeinsamen Fokus, der alle Abteilungen zusammenbringt und die Bedeutung ihres jeweiligen Beitrags hervorhebt.

Wenn alle Abteilungen auf dasselbe Ziel hinarbeiten, wird die Wahrscheinlichkeit von Konflikten erheblich verringert. Oft entstehen Spannungen zwischen Abteilungen, wenn deren Ziele oder Prioritäten nicht übereinstimmen. Beispielsweise könnte die Marketingabteilung aggressive Verkaufsziele verfolgen, während die Finanzabteilung auf Kostenkontrolle und Budgeteinhaltung fokussiert ist. Wenn diese beiden Abteilungen jedoch ein gemeinsames Ziel haben, das sowohl Marketingstrategien als auch finanzielle Überlegungen umfasst, können sie ihre Anstrengungen besser aufeinander abstimmen und Lösungen erarbeiten, die beiden Interessen gerecht werden.

Ein klar definiertes gemeinsames Ziel fördert auch eine Kultur der Zusammenarbeit und des Austauschs. Abteilungen sind eher bereit, Informationen und Ressourcen zu teilen, wenn sie wissen, dass ihre Zusammenarbeit zu einem übergeordneten Ziel führt. Regelmäßige Meetings, in denen der Fortschritt zu diesen Zielen diskutiert wird, können helfen, den Zusammenhalt zu stärken und den Austausch zwischen den Abteilungen zu fördern. In solchen Meetings können Erfolge gefeiert und Herausforderungen gemeinsam angegangen werden, was das Gefühl von Teamarbeit und gemeinsamer Verantwortung verstärkt.

Darüber hinaus kann die Zielausrichtung auch die Motivation und das Engagement der Mitarbeiter erhöhen. Wenn Mitarbeiter sehen, dass ihre Arbeit einen direkten Einfluss auf die Erreichung gemeinsamer Unternehmensziele hat, fühlen sie sich wertgeschätzt und motivierter, ihren Beitrag zu leisten. Diese positive Dynamik kann zu einer erhöhten Produktivität und einer besseren Arbeitsatmosphäre führen, in der alle Beteiligten bereit sind, über Abteilungsgrenzen hinweg zusammenzuarbeiten.

Ein weiterer wichtiger Aspekt der Zielausrichtung ist die Messbarkeit der Fortschritte. Wenn klare Kriterien zur Bewertung des Erfolgs festgelegt werden, können alle Abteilungen ihre Ergebnisse transparent verfolgen und gegebenenfalls Anpassungen vornehmen. Dies fördert nicht nur die Verantwortlichkeit, sondern ermöglicht es auch, frühzeitig auf Probleme oder Abweichungen vom Plan zu reagieren, bevor sie zu größeren Konflikten führen.

Zusammengefasst lässt sich sagen, dass die Zielausrichtung durch das Festlegen gemeinsamer Unternehmensziele, die sowohl die Marketing- als auch die Finanzabteilung betreffen, einen wesentlichen Beitrag zur Schaffung eines kooperativen Arbeitsumfelds leistet. Durch die Förderung einer gemeinsamen Vision und das Engagement aller Abteilungen auf ein gemeinsames Ziel wird die Wahrscheinlichkeit von Konflikten reduziert und die Grundlage für eine erfolgreiche Zusammenarbeit gelegt.

Abteilungsübergreifende Konflikte können erhebliche Auswirkungen auf die Effizienz und Produktivität eines Unternehmens haben und sind oft ein unterschätztes Problem. Diese Konflikte entstehen häufig aus unterschiedlichen Zielsetzungen, Kommunikationsschwierigkeiten oder Missverständnissen zwischen den Abteilungen. Wenn beispielsweise die Marketingabteilung aggressive Verkaufsziele verfolgt, während die Finanzabteilung auf eine strenge Kostenkontrolle besteht, kann dies zu Spannungen führen, die die Zusammenarbeit behindern. Solche Konflikte können nicht nur die Moral der Mitarbeiter beeinträchtigen, sondern auch den Fluss von Informationen und Ressourcen stören, was wiederum die gesamte Leistungsfähigkeit des Unternehmens gefährdet.

Die negativen Folgen von abteilungsübergreifenden Konflikten sind vielfältig. Zunächst einmal kann die Effizienz der Arbeitsabläufe leiden, da Mitarbeiter Zeit und Energie damit verbringen, interne Konflikte zu lösen, anstatt sich auf ihre Kernaufgaben zu konzentrieren. Dies kann zu Verzögerungen bei Projekten führen, die Qualität der Arbeit beeinträchtigen und letztendlich die Kundenzufriedenheit gefährden. Darüber hinaus kann ein negatives Arbeitsklima die Motivation der Mitarbeiter senken, was zu einer höheren Fluktuation führen kann. Neue Mitarbeiter müssen eingearbeitet werden, was zusätzliche Ressourcen bindet und die Produktivität weiter beeinträchtigt.

Um diese Probleme zu vermeiden, ist es für Unternehmen entscheidend, die Ursachen abteilungsübergreifender Konflikte zu erkennen und aktiv anzugehen. Eine tiefere Analyse kann dabei helfen, die zugrunde liegenden Faktoren zu identifizieren, die zu Spannungen führen. Dazu gehören oft unklare Rollenverteilungen, mangelnde

Kommunikation oder unterschiedliche Prioritäten. Ein besseres Verständnis dieser Faktoren ermöglicht es Unternehmen, gezielte Maßnahmen zu entwickeln, um Konflikte zu minimieren und die Zusammenarbeit zu fördern.

Strategien zur Förderung der Zusammenarbeit und Kommunikation können in mehreren Bereichen implementiert werden. Zunächst einmal sollten Unternehmen eine offene Kommunikationskultur etablieren, in der Mitarbeiter ermutigt werden, ihre Meinungen und Bedenken ohne Angst vor negativen Konsequenzen zu äußern. Regelmäßige Meetings, in denen alle Abteilungen vertreten sind, können dazu beitragen, ein besseres Verständnis für die Herausforderungen und Bedürfnisse der verschiedenen Bereiche zu entwickeln. Solche Plattformen ermöglichen es den Abteilungen, ihre Perspektiven zu teilen und gemeinsam nach Lösungen zu suchen.

Darüber hinaus können Teambuilding-Aktivitäten und interdisziplinäre Projekte dazu beitragen, das Vertrauen zwischen den Abteilungen zu stärken. Wenn Mitarbeiter aus verschiedenen Abteilungen zusammenarbeiten, um ein gemeinsames Ziel zu erreichen, können sie persönliche Beziehungen aufbauen, die Spannungen abbauen und Missverständnisse verringern. Diese Aktivitäten fördern nicht nur den Austausch von Ideen, sondern helfen auch, die Bedeutung jeder Abteilung für den Gesamterfolg des Unternehmens zu erkennen.

Ein weiterer wichtiger Aspekt ist die Schulung der Mitarbeiter in Konfliktlösung und Kommunikation. Workshops und Trainings können den Mitarbeitern die Fähigkeiten vermitteln, die sie benötigen, um Konflikte proaktiv anzugehen und konstruktive Gespräche zu führen. Dies kann dazu beitragen, Spannungen frühzeitig zu erkennen und einen offenen Dialog zu fördern, bevor Konflikte eskalieren.

Durch die Implementierung solcher Strategien können Unternehmen nicht nur Spannungen abbauen, sondern auch ein harmonisches Arbeitsumfeld schaffen. Ein solches Umfeld ist nicht nur für die Mitarbeiter zufriedenstellend, sondern führt auch zu höherer Produktivität und Effizienz. In einem positiven Arbeitsklima sind die Mitarbeiter motivierter, kreativer und bereit, sich für die Unternehmensziele einzusetzen. Letztlich fördert dies den langfristigen Erfolg des Unternehmens, da eine harmonische Zusammenarbeit zwischen den Abteilungen die Innovationskraft steigert und die Anpassungsfähigkeit an sich ändernde Marktbedingungen verbessert. In einer Zeit, in der Unternehmen zunehmend auf interdisziplinäre Ansätze setzen, wird die Fähigkeit, abteilungsübergreifende Konflikte effektiv zu managen, zu einem entscheidenden Wettbewerbsvorteil.

3. **Konflikte mit Vorgesetzten**: Konflikte mit Vorgesetzten können erhebliche Auswirkungen auf das Arbeitsklima und die allgemeine Zufriedenheit der Mitarbeiter haben. Solche Konflikte entstehen häufig, wenn Mitarbeiter das Gefühl haben, dass ihre Leistungen nicht gewertschätzt oder ihre Anliegen nicht ernst genommen werden. Ein Beispiel für eine solche Situation könnte ein Mitarbeiter sein, der sich intensiv in ein Projekt eingebracht hat, innovative Ideen beigesteuert und zusätzliche Verantwortung übernommen hat, jedoch das Gefühl hat, dass seine Beiträge im Team nicht ausreichend anerkannt werden. Diese Wahrnehmung kann zu Frustration und Enttäuschung führen, insbesondere wenn der Vorgesetzte die Erfolge des Mitarbeiters nicht

in den Vordergrund stellt oder die Leistungen nicht entsprechend lobt.

Wenn ein Mitarbeiter das Gefühl hat, dass seine Beiträge übersehen werden, kann dies zu einer schlechten Beziehung zum Vorgesetzten führen. Der Mitarbeiter könnte beginnen, an der eigenen Wertigkeit und dem eigenen Stellenwert im Team zu zweifeln, was seine Motivation und Arbeitsleistung negativ beeinflusst. In solchen Fällen kann es vorkommen, dass der Mitarbeiter sich zurückzieht, weniger Initiative zeigt und sich emotional von der Arbeit und dem Team distanziert. Dies kann nicht nur die persönliche berufliche Entwicklung des Mitarbeiters hemmen, sondern auch die Teamdynamik und die Produktivität des gesamten Teams beeinträchtigen.

Ein weiterer Aspekt, der zu Konflikten mit Vorgesetzten führen kann, ist das Gefühl des Missverständnisses. Manchmal können Erwartungen und Kommunikationsstile zwischen Mitarbeitern und ihren Vorgesetzten nicht übereinstimmen. Ein Mitarbeiter könnte der Meinung sein, dass er klare Anweisungen oder regelmäßiges Feedback benötigt, um seine Arbeit effektiv auszuführen. Wenn der

Vorgesetzte jedoch davon ausgeht, dass der Mitarbeiter eigenständig arbeiten kann, kann dies zu Missverständnissen führen, die sich in einem Konflikt manifestieren. Der Mitarbeiter könnte frustriert sein, weil er nicht die Unterstützung erhält, die er für notwendig erachtet, während der Vorgesetzte möglicherweise denkt, dass der Mitarbeiter nicht genug Initiative zeigt.

Um solche Konflikte zu vermeiden oder zu lösen, ist es wichtig, dass sowohl Vorgesetzte als auch Mitarbeiter an einer offenen und transparenten Kommunikation arbeiten. Vorgesetzte sollten aktiv nach Feedback von ihren Mitarbeitern suchen und sicherstellen, dass sie die Leistungen und Beiträge ihrer Teammitglieder regelmäßig anerkennen. Ein einfaches Lob oder eine öffentliche Anerkennung im Teammeeting können oft Wunder wirken und dazu beitragen, dass sich Mitarbeiter wertgeschätzt fühlen.

Auf der anderen Seite sollten Mitarbeiter ermutigt werden, ihre Bedürfnisse und Bedenken direkt und respektvoll zu kommunizieren. Wenn ein Mitarbeiter das Gefühl hat, dass seine Beiträge nicht anerkannt werden, sollte er die Möglichkeit haben, dies in einem persönlichen Gespräch mit seinem Vorgesetzten anzusprechen. Solche Gespräche sollten in einem konstruktiven Rahmen stattfinden, in dem der Mitarbeiter seine Perspektive darlegen kann und der Vorgesetzte die Gelegenheit hat, zu erklären, wie er die Situation sieht. Der Schlüssel liegt hier in der aktiven Zuhörbereitschaft und dem Wunsch, eine gemeinsame Lösung zu finden.

Zusätzlich kann es hilfreich sein, regelmäßige Feedbackgespräche einzuführen, in denen sowohl die Leistungen des Mitarbeiters als auch seine Entwicklungsmöglichkeiten besprochen werden. Solche Gespräche bieten eine Plattform für den Austausch von Gedanken und helfen dabei, Missverständnisse frühzeitig auszuräumen. Ein gut strukturiertes Feedbacksystem kann dazu beitragen, dass Mitarbeiter sich gehört und verstanden fühlen, was wiederum das Vertrauen in die Beziehung zum Vorgesetzten stärkt.

Insgesamt ist es entscheidend, dass sowohl Mitarbeiter als auch Vorgesetzte sich ihrer Rolle in der Beziehung bewusst sind und aktiv daran arbeiten, Konflikte zu vermeiden oder zu lösen. Durch die Förderung einer respektvollen und offenen Kommunikationskultur können viele Probleme frühzeitig erkannt und angesprochen werden, bevor sie zu ernsthaften Konflikten werden. Dies trägt nicht nur zu einer besseren Beziehung zwischen Mitarbeitern und Vorgesetzten bei, sondern auch zu einem positiven Arbeitsumfeld, das die Motivation und Produktivität aller Beteiligten fördert

4. **Veränderungsresistenz**: Veränderungsresistenz ist ein weit verbreitetes Phänomen in Organisationen, insbesondere bei der Einführung neuer Systeme, Prozesse oder Technologien. Diese Widerstände können erhebliche Herausforderungen für das Management mit sich bringen und das Potenzial haben, den Erfolg von Veränderungsinitiativen zu gefährden. Mitarbeiter, die sich an bestehende Abläufe gewöhnt haben, zeigen oft eine natürliche Abneigung gegenüber Veränderungen. Diese Abneigung kann aus verschiedenen Gründen entstehen und zu Konflikten mit dem Management führen, das die Notwendigkeit der Anpassung und Weiterentwicklung betont.

Ein zentraler Grund für Veränderungsresistenz ist die menschliche Neigung, in Gewohnheiten und Routinen zu verharren. Menschen fühlen sich in vertrauten Umgebungen sicher, und Veränderungen können Unsicherheit und Angst hervorrufen. Mitarbeiter, die über Jahre hinweg in bestimmten Prozessen oder Systemen gearbeitet haben, empfinden möglicherweise eine tiefe Bindung zu diesen Abläufen. Wenn nun Veränderungen angekündigt werden, kann dies als Bedrohung ihrer etablierten Arbeitsweise wahrgenommen werden. Diese Wahrnehmung kann zu Widerstand führen, der sich in Form von Skepsis, passivem Widerstand oder sogar offenem Unmut äußern kann.

Ein weiteres häufiges Motiv für Widerstand ist das Gefühl des Verlusts. Mitarbeiter befürchten oft, dass Veränderungen ihre Position gefährden oder sogar zu einem Verlust von Arbeitsplätzen führen könnten. Wenn beispielsweise ein neues System eingeführt wird, das eine Automatisierung bestimmter Aufgaben ermöglicht, könnten Mitarbeiter beunruhigt sein, dass ihre eigenen Fähigkeiten und ihr Wert für das Unternehmen in Frage gestellt werden. Solche Ängste können dazu führen, dass sie sich gegen die Veränderungen wehren und versuchen, die Einführung neuer Prozesse zu blockieren.

Darüber hinaus spielt die Kommunikation eine entscheidende Rolle bei der Bewältigung von Veränderungsresistenz. Oftmals scheitern Veränderungsinitiativen, weil das Management nicht ausreichend erklärt, warum die Änderungen notwendig sind und welche Vorteile sie mit sich bringen. Wenn Mitarbeiter die Gründe für die Veränderungen nicht verstehen oder das Gefühl haben, dass ihre Bedenken nicht gehört werden, kann dies zu einem tiefen Graben zwischen ihnen und dem Management führen. In solchen Fällen fühlen sich Mitarbeiter möglicherweise nicht nur übergangen, sondern auch weniger motiviert, sich auf den Veränderungsprozess einzulassen.

Um diesen Herausforderungen zu begegnen, ist es unerlässlich, dass das Management eine proaktive und einfühlsame Strategie zur Einführung von Veränderungen verfolgt. Eine offene Kommunikationspolitik ist dabei von größter Bedeutung. Das Management sollte transparent über die Gründe für die Veränderungen informieren und klar darlegen, welche Vorteile die neuen Systeme oder Prozesse für die Mitarbeiter und das Unternehmen insgesamt bringen. Die Einbeziehung der Mitarbeiter in den Veränderungsprozess kann ebenfalls hilfreich sein. Indem das Management Mitarbeiter in die Planung und Umsetzung neuer Systeme einbezieht, können sie ein Gefühl der Mitverantwortung entwickeln und sich eher mit den Veränderungen identifizieren.

Zusätzlich sollten Schulungs- und Unterstützungsangebote bereitgestellt werden, um den Mitarbeitern den Übergang zu erleichtern. Wenn Mitarbeiter das Gefühl haben, dass sie die notwendigen Fähigkeiten und Ressourcen erhalten, um sich an die neuen Abläufe anzupassen, sind sie eher bereit, den Veränderungen positiv gegenüberzustehen. Workshops, Schulungen und Mentorenprogramme können dazu beitragen, Ängste abzubauen und das Vertrauen in die neuen Systeme zu stärken.

Ein weiterer wichtiger Aspekt ist die Schaffung eines positiven Veränderungsmanagements, das durch Empathie und Verständnis geprägt ist. Führungskräfte sollten aktiv auf die Bedenken der Mitarbeiter eingehen und bereit sein, diese ernst zu nehmen. Regelmäßige Feedbackgespräche können dazu beitragen, die Sorgen der Mitarbeiter zu adressieren und Missverständnisse auszuräumen. Es ist wichtig, dass das Management Raum für Diskussionen schafft, in denen Mitarbeiter ihre Bedenken äußern können, ohne Angst vor negativen Konsequenzen zu haben.

Insgesamt ist Veränderungsresistenz eine natürliche Reaktion auf Veränderungen, die in jeder Organisation auftreten kann. Durch eine gezielte, empathische und transparente Herangehensweise kann das Management jedoch die Widerstände verringern und eine Kultur des Wandels fördern. Indem Mitarbeiter in den Veränderungsprozess einbezogen werden und ihre Bedenken ernst genommen werden, kann eine positive Einstellung gegenüber neuen Systemen und Prozessen geschaffen werden, die langfristig die Anpassungsfähigkeit und Innovationskraft des Unternehmens stärkt.

5. **Kulturelle Konflikte**: Kulturelle Konflikte sind in der heutigen globalisierten Geschäftswelt ein bedeutendes und oft unterschätztes Problem, das in Unternehmen auftritt, die mit vielfältigen Teams aus verschiedenen kulturellen Hintergründen arbeiten. Diese Konflikte können sich aus der Interaktion von Individuen ergeben, die unterschiedliche Kommunikationsstile, Arbeitsethiken, Werte und Normen mitbringen. Obwohl diese

Unterschiede auf den ersten Blick trivial erscheinen mögen, bergen sie in der Realität erhebliches Konfliktpotenzial, das die Zusammenarbeit, die Teamdynamik und letztlich den Geschäftserfolg beeinträchtigen kann.

Ein wesentlicher Aspekt kultureller Konflikte ist der unterschiedliche Kommunikationsstil, der in verschiedenen Kulturen vorherrscht. In einigen Kulturen wird eine direkte und klare Kommunikation geschätzt, während in anderen eine indirekte und nuancierte Ausdrucksweise bevorzugt wird. Ein Mitarbeiter aus einer Kultur, die direkte Kommunikation fördert, könnte beispielsweise als unhöflich oder aggressiv wahrgenommen werden, wenn er seine Meinung offen äußert. Im Gegensatz dazu könnte ein Mitarbeiter aus einer Kultur, die Wert auf Höflichkeit und Diplomatie legt, als unentschlossen oder passiv wahrgenommen werden, wenn er zögert, seine Ansichten klar auszudrücken. Solche Missverständnisse können leicht zu Spannungen führen, da die Beteiligten unterschiedliche Erwartungen an die Kommunikation haben und nicht verstehen, warum der andere auf eine bestimmte Weise reagiert.

Ein weiterer Faktor sind verschiedene Arbeitsethiken, die tief in den kulturellen Werten verwurzelt sind. In Kulturen, die eine hohe Individualität betonen, wird Eigenverantwortung und persönliche Initiative geschätzt. In solchen Umfeldern könnten Mitarbeiter erwartet werden, selbstständig zu arbeiten und ihre eigenen Entscheidungen zu treffen. In kontrastierenden Kulturen, die eine kollektive Denkweise fördern, könnte die Teamarbeit und Konsensbildung im Vordergrund stehen. Diese Unterschiede können zu Frustration führen, wenn beispielsweise ein Teammitglied aus einer individualistischen Kultur das Gefühl hat, dass ein kollektives Entscheidungsverfahren den Fortschritt hemmt, während ein Teammitglied aus einer kollektivistischen Kultur sich über die mangelnde Teamorientierung des anderen beschwert.

Zusätzlich können auch unterschiedliche Wertvorstellungen zu kulturellen Konflikten führen. Einige Kulturen legen großen Wert auf Pünktlichkeit und Effizienz, während in anderen Kulturen Flexibilität und zwischenmenschliche Beziehungen einen höheren Stellenwert haben. Ein Mitarbeiter aus einer pünktlichen Kultur könnte frustriert sein, wenn er erlebt, dass Meetings oft nicht rechtzeitig beginnen oder dass Fristen nicht eingehalten werden. Umgekehrt könnte ein Mitarbeiter aus einer flexibleren Kultur die strikte Einhaltung von Zeitplänen als unhöflich oder wenig wertschätzend gegenüber persönlichen Beziehungen empfinden. Solche Unterschiede in den Werten können zu erheblichen Spannungen führen, die sich negativ auf die Teamarbeit und das Betriebsklima auswirken.

Um kulturelle Konflikte zu minimieren und eine harmonische Zusammenarbeit in einem multikulturellen Umfeld zu fördern, ist es wichtig, ein Bewusstsein für kulturelle Unterschiede zu schaffen. Schulungen zur interkulturellen Kommunikation können helfen, das Verständnis für die verschiedenen Hintergründe und Perspektiven der Teammitglieder zu fördern. Solche Schulungen sollten Aspekte wie Kommunikationsstile, Arbeitsethiken und Wertvorstellungen behandeln, um den Mitarbeitern die Möglichkeit zu geben, sich auf die unterschiedlichen kulturellen Normen einzustellen und Empathie für die Sichtweisen anderer zu entwickeln.

Zusätzlich sollte das Management eine offene und inklusive Unternehmenskultur fördern, die Vielfalt wertschätzt und kulturelle Unterschiede als Bereicherung betrachtet. Regelmäßige Team-Building-Aktivitäten können dazu beitragen, Vertrauen und Verständnis zwischen den Teammitgliedern aufzubauen und eine positive Teamdynamik zu fördern. In einem solchen Umfeld fühlen sich Mitarbeiter sicher, ihre kulturellen Hintergründe einzubringen und ihre Perspektiven zu teilen, was wiederum das Bewusstsein für kulturelle Unterschiede schärft.

Eine weitere wichtige Strategie zur Vermeidung kultureller Konflikte ist die Förderung einer klaren und respektvollen Kommunikation. Teams sollten ermutigt werden, offen über ihre Erwartungen, Bedenken und Erfahrungen zu sprechen. Dies kann durch regelmäßige Feedbackgespräche und die Schaffung von Räumen geschehen, in denen Mitarbeiter Fragen stellen und ihre Gedanken äußern können. Solche offenen Dialoge können dazu beitragen, Missverständnisse auszuräumen und die Zusammenarbeit zu stärken.

Insgesamt sind kulturelle Konflikte ein komplexes Thema, das in der zunehmend globalisierten Geschäftswelt Beachtung finden muss. Durch die Sensibilisierung für kulturelle Unterschiede und die Förderung einer inklusiven und respektvollen Unternehmenskultur können Unternehmen das Konfliktpotenzial minimieren und die Vorteile der Diversität nutzen. Eine solche Herangehensweise kann nicht nur die Teamdynamik verbessern, sondern auch zu innovativeren Lösungen und einer höheren Wettbewerbsfähigkeit auf dem globalen Markt führen.

5.2 Fallstudien erfolgreicher Konfliktlösungen

Um die Dynamik von Konflikten und deren Lösungen besser zu verstehen, ist es hilfreich, konkrete Fallstudien zu betrachten. Hier sind einige detaillierte Beispiele für erfolgreiche Konfliktlösungen im beruflichen Kontext, die verschiedene Ansätze und Methoden illustrieren.

1. Fallstudie: Team-Retreat zur Konfliktlösung

Hintergrund

Ein mittelständisches Unternehmen in der Technologiebranche, das innovative Softwarelösungen entwickelte, sah sich zunehmend mit einem signifikanten Rückgang der Teamproduktivität konfrontiert. Die Ursachen lagen hauptsächlich in internen Konflikten, die sich im Laufe der Zeit angestaut hatten. Spannungen zwischen den Teammitgliedern führten zu Missverständnissen, unzureichender Kommunikation und einem allgemeinen Rückgang der Motivation. Mitarbeiter berichteten von Frustrationen über die Zusammenarbeit und das Gefühl, nicht gehört zu werden. Es war klar, dass etwas unternommen werden musste, um die Dynamik im Team wiederherzustellen und die Produktivität zu steigern.

Zielsetzung

Das Management beschloss, ein zweitägiges Retreat in einem ruhigen, naturnahen Umfeld zu organisieren, um die Teammitglieder zu ermutigen, offen über ihre Bedenken und Erfahrungen zu sprechen. Die Hauptziele des Retreats waren:

1. **Verbesserung der Kommunikation**: Raum schaffen, um Missverständnisse auszuräumen

und eine transparente Kommunikation zu fördern.

2. **Stärkung des Vertrauens**: Durch Team-Building-Aktivitäten sollte das Vertrauen unter den Mitarbeitern gefördert werden.

3. **Erhöhung des Engagements**: Die Mitarbeiter sollten sich wieder stärker mit den Zielen des Unternehmens identifizieren und ein Gefühl der Zugehörigkeit entwickeln.

Durchführung des Retreats

Das Retreat fand in einem abgelegenen Seminarhaus in der Natur statt, um eine entspannte und inspirierende Atmosphäre zu schaffen. Die Agenda umfasste eine Vielzahl von Aktivitäten, die von erfahrenen Moderatoren geleitet wurden.

1. **Geführte Workshops**: Die ersten beiden Sitzungen des Retreats bestanden aus Workshops, in denen die Teilnehmer in kleinen Gruppen über ihre Erfahrungen und Wahrnehmungen sprechen konnten. Die Moderatoren leiteten die Diskussionen und sorgten dafür, dass alle Stimmen gehört wurden. Themen wie „Herausforderungen in der Kommunikation" und „Persönliche Erwartungen an das Team" wurden behandelt. Die Workshops ermöglichten es den

Mitarbeitern, ihre Bedenken in einem geschützten Rahmen zu äußern, ohne Angst vor negativen Konsequenzen haben zu müssen.

2. **Interaktive Team-Building-Aktivitäten**: Nach den Workshops folgten verschiedene Team-Building-Aktivitäten, die darauf abzielten, die Beziehungen unter den Mitarbeitern zu stärken. Dazu gehörten Aufgaben wie Vertrauensübungen, bei denen Teammitglieder sich blind aufeinander verlassen mussten, sowie kreative Gruppenprojekte, die Zusammenarbeit und Problemlösungsfähigkeiten erforderten. Diese Aktivitäten halfen, Barrieren abzubauen und ein Gefühl der Kameradschaft zu fördern.

3. **Strukturierte Diskussionsrunde**: Ein zentraler Bestandteil des Retreats war eine strukturierte Diskussionsrunde, die am zweiten Tag stattfand. Jeder Mitarbeiter erhielt die Möglichkeit, seine Sichtweise zu äußern, ohne unterbrochen zu werden. Die Moderatoren sorgten dafür, dass der Raum respektvoll und unterstützend blieb. Diese offene Kommunikationskultur half, das Gefühl der Zusammengehörigkeit zu fördern und die Teammitglieder dazu zu bringen, sich als Teil einer gemeinsamen Mission zu sehen.

Ergebnisse des Retreats

Die Auswirkungen des Retreats waren sofort spürbar. Die Teilnehmer berichteten von einem erhöhten Engagement und einer besseren Zusammenarbeit. Die offene Diskussion ermöglichte es den Mitarbeitern, die verschiedenen Perspektiven ihrer Kollegen zu verstehen und empathischer miteinander umzugehen.

1. **Steigerung der Teamleistung**: Nach dem Retreat konnte eine merkliche Steigerung der Teamleistung festgestellt werden. Die Mitarbeiter arbeiteten effizienter zusammen und waren motivierter, ihre individuellen Beiträge zu leisten.

2. **Verbesserte Kommunikation**: Die während des Retreats eingeführten Kommunikationspraktiken wurden in den Arbeitsalltag integriert. Regelmäßige Feedback-Runden und wöchentliche Teammeetings wurden eingeführt, um sicherzustellen, dass die Mitarbeiter weiterhin offen miteinander sprechen konnten.

3. **Positive Unternehmenskultur**: Die Veränderungen, die nach dem Retreat stattfanden, führten zu einer positiven Transformation der Unternehmenskultur. Es entstand ein Umfeld, in dem sich die

Mitarbeiter wertgeschätzt fühlten und bereit waren, ihre Ideen und Bedenken proaktiv zu äußern.

Das Team-Retreat war ein entscheidender Schritt zur Lösung der internen Konflikte und zur Wiederherstellung der Teamdynamik. Es zeigte, wie wichtig offene Kommunikation, Vertrauen und Teamarbeit sind, um eine produktive Arbeitsumgebung zu schaffen. Die Investition in das Retreat zahlte sich aus, nicht nur durch eine signifikante Steigerung der Produktivität, sondern auch durch ein starkes Gefühl der Zugehörigkeit und des Engagements unter den Mitarbeitern. Dieses Beispiel verdeutlicht, dass durch gezielte Maßnahmen zur Konfliktlösung und Teamentwicklung nachhaltige Verbesserungen in der Arbeitskultur erreicht werden können.

2. Fallstudie: Mediation bei abteilungsübergreifenden Konflikten

Hintergrund

In einem multinationalen Unternehmen, das sich auf die Entwicklung und Vermarktung innovativer Technologien spezialisiert hat, kam es zu einem ernsthaften Konflikt zwischen der Marketing- und der Produktentwicklungsabteilung. Die Einführung eines neuen Produkts, das als Schlüssel zur Stärkung der Marktposition des Unternehmens angesehen wurde, stand auf der Kippe. Beide Abteilungen hatten unterschiedliche Vorstellungen darüber, welche Funktionen und Merkmale das Produkt enthalten sollte. Diese Differenzen führten zu Spannungen und einem Mangel an Kooperation, was die rechtzeitige Markteinführung des Produkts gefährdete.

Die Marketingabteilung war der Ansicht, dass das Produkt auf die Bedürfnisse der Kunden zugeschnitten sein müsse, mit besonderem Fokus auf Benutzerfreundlichkeit und aktuelle Trends im Markt. Die Produktentwicklungsabteilung hingegen legte Wert auf technische Machbarkeit und innovative Funktionen, die das Produkt von der Konkurrenz abheben sollten. Dieser Dissens führte zu einer verhärteten Front, in der sich beide Abteilungen gegenseitig die Schuld für mögliche Misserfolge zuschoben.

Zielsetzung der Mediation

Um die Konfliktsituation zu entschärfen und eine produktive Zusammenarbeit zu fördern, wurde ein externer Mediator hinzugezogen. Der Mediator verfügte über umfangreiche Erfahrung in der Konfliktlösung sowie Kenntnisse in interdisziplinärer Zusammenarbeit, was ihn zu einem geeigneten

Ansprechpartner für diese Situation machte. Die Ziele
der Mediation waren:

1. **Identifikation der zugrunde liegenden
   Interessen**: Die spezifischen Anliegen und
   Perspektiven beider Abteilungen verstehen.

2. **Förderung der Kommunikation**: Ein offener
   Dialog zwischen den Abteilungen ermöglichen,
   um Missverständnisse auszuräumen.

3. **Erarbeitung einer gemeinsamen Lösung**: Eine
   Einigung finden, die die Bedürfnisse beider
   Seiten berücksichtigt und die Konflikte
   nachhaltig löst.

4. **Stärkung der interdisziplinären
   Zusammenarbeit**: Mechanismen schaffen, die
   zukünftige Konflikte zwischen den
   Abteilungen verhindern.

Durchführung der Mediation

Der Mediator begann den Prozess mit einer
gründlichen Analyse der Situation. Dies beinhaltete
zunächst separate Gespräche mit den jeweiligen
Abteilungen, um deren spezifische Anliegen,
Interessen und Sorgen zu verstehen. Während dieser
Gespräche stellte der Mediator Fragen, die den
Mitarbeitern halfen, ihre Sichtweise klar zu
formulieren. Dies ermöglichte es, die Emotionen und

Spannungen abzubauen, bevor sie in eine gemeinsame Sitzung eintraten.

1. **Einzelgespräche**: In diesen Gesprächen konnte jede Abteilung ihre Sichtweise und die Herausforderungen, denen sie gegenüberstand, darlegen. Der Mediator hörte aktiv zu, stellte klärende Fragen und half den Beteiligten, ihre Gedanken zu strukturieren. Diese ersten Gespräche waren entscheidend, um ein Vertrauensverhältnis zu schaffen.

2. **Strukturierte Gespräche**: Nach den Einzelgesprächen organisierte der Mediator eine gemeinsame Sitzung, in der Vertreter beider Abteilungen ihre Standpunkte darlegen konnten. Die Struktur dieser Sitzung war so gestaltet, dass jede Seite die Möglichkeit hatte, ihre Argumente vorzutragen, gefolgt von einer offenen Diskussion. Der Mediator moderierte diese Gespräche, stellte sicher, dass alle Teilnehmer zu Wort kamen, und förderte eine respektvolle Kommunikation.

3. **Fokus auf gemeinsame Ziele**: Der Mediator leitete die Diskussion in eine Richtung, die die gemeinsamen Ziele beider Abteilungen in den Vordergrund stellte. Er half den Teilnehmern, die gegenseitige Abhängigkeit zu erkennen: Beide Abteilungen waren aufeinander

angewiesen, um das Produkt erfolgreich auf den Markt zu bringen. Diese Erkenntnis führte zu einem Umdenken und einem verstärkten Wunsch, zusammenzuarbeiten.

Ergebnisse der Mediation

Durch die Mediation gelang es schließlich, eine Einigung zu erzielen, die die Bedürfnisse beider Seiten berücksichtigte. Die Abteilungen entwickelten ein neues Konzept für das Produkt, das sowohl die technischen Innovationen der Produktentwicklung als auch die Benutzerfreundlichkeit und Marktbedürfnisse der Marketingabteilung integrierte. Diese Lösung führte zu einer rechtzeitigen Markteinführung des Produkts, das positive Resonanz bei den Kunden fand.

1. **Stärkung der Zusammenarbeit**: Die erfolgreiche Lösung des Konflikts führte nicht nur zur rechtzeitigen Einführung des Produkts, sondern stärkte auch die Zusammenarbeit zwischen den Abteilungen. Die Mitarbeiter begannen, sich regelmäßig auszutauschen, um sicherzustellen, dass alle auf dem gleichen Stand waren und die Fortschritte transparent waren.

2. **Etablierung regelmäßiger Meetings**: Um zukünftige Konflikte frühzeitig zu erkennen

und zu vermeiden, wurden regelmäßige interdisziplinäre Meetings eingeführt. Diese Meetings dienten nicht nur dem Informationsaustausch, sondern auch der frühzeitigen Identifikation potenzieller Probleme.

3. **Verbessertes Verständnis füreinander**: Die Mitarbeiter entwickelten ein besseres Verständnis für die Herausforderungen und Prioritäten der anderen Abteilung. Diese Empathie führte zu einer harmonischeren Arbeitsumgebung, in der die Teams bereit waren, gemeinsam Lösungen zu finden und sich gegenseitig zu unterstützen.

4. **Langfristige Auswirkungen**: Die Mediation hatte auch langfristige Auswirkungen auf die Unternehmenskultur. Das Unternehmen erkannte die Bedeutung einer offenen Kommunikation und der interdisziplinären Zusammenarbeit, was zu einer allgemeinen Verbesserung der Arbeitsatmosphäre und der Mitarbeiterzufriedenheit führte.

Fazit

Die Mediation bei den abteilungsübergreifenden Konflikten zwischen der Marketing- und der Produktentwicklungsabteilung war ein entscheidender Schritt, um die Zusammenarbeit zu fördern und die rechtzeitige Markteinführung eines wichtigen Produkts sicherzustellen. Der Prozess zeigte, wie wichtig es ist, Konflikte frühzeitig zu erkennen und durch gezielte Maßnahmen wie Mediation zu lösen. Die daraus resultierenden positiven Veränderungen in der Zusammenarbeit und der Unternehmenskultur verdeutlichen den Wert eines offenen Dialogs und einer respektvollen Kommunikation zwischen den Abteilungen. Dieses Beispiel zeigt, dass Mediation nicht nur kurzfristige Konflikte löst, sondern auch langfristige Beziehungen und eine produktive Arbeitsumgebung fördert.

3. Fallstudie: Offene Kommunikation mit Vorgesetzten

Hintergrund

In einem großen multinationalen Unternehmen, das sich auf technologische Innovationen spezialisiert hat, war ein Mitarbeiter – nennen wir ihn Thomas – frustriert über die mangelnde Wertschätzung seiner Ideen zur Verbesserung der Arbeitsprozesse. Thomas hatte in den letzten Monaten mehrere innovative Vorschläge ausgearbeitet, die seiner Meinung nach die Effizienz seines Teams erheblich steigern könnten. Dazu gehörten unter anderem Ideen zur Automatisierung bestimmter Arbeitsabläufe und zur Einführung neuer Technologien, die die

Zusammenarbeit zwischen den Abteilungen verbessern könnten. Trotz seiner Bemühungen, seine Ideen in Teammeetings zu präsentieren, wurden sie häufig überhört oder als nicht relevant abgetan.

Diese wiederholte Ablehnung führte dazu, dass Thomas sich zunehmend unwohl fühlte und an seinem Selbstwertgefühl zweifelte. Anstatt jedoch seinen Unmut in sich zu tragen oder sich zurückzuziehen, entschloss er sich, proaktiv zu handeln. Er war der Überzeugung, dass konstruktive Kommunikation der Schlüssel zur Lösung seiner Situation war.

Der Schritt zur proaktiven Kommunikation

Thomas bat um ein persönliches Gespräch mit seinem Vorgesetzten, Herr Müller, der als offen und zugänglich galt. Er bereitete sich sorgfältig auf das Gespräch vor, indem er seine Gedanken und Anliegen schriftlich festhielt. Sein Ziel war es, in einem offenen und ehrlichen Dialog seine Bedenken über die mangelnde Wertschätzung seiner Ideen zu äußern und gleichzeitig mögliche Lösungen vorzuschlagen.

Im Gespräch selbst stellte Thomas klar, dass es ihm nicht nur um seine eigenen Ideen ging, sondern auch um die allgemeine Kommunikationskultur im Team. Er erläuterte, dass er das Gefühl hatte, dass viele Teammitglieder, einschließlich ihm selbst, zögerten,

Vorschläge zu machen, weil sie befürchteten, dass ihre Ideen nicht ernst genommen würden. Der Dialog war respektvoll und konstruktiv. Herr Müller hörte aufmerksam zu, stellte klärende Fragen und zeigte sich offen für das Feedback von Thomas.

Gemeinsame Lösungsansätze

Nach dem Austausch von Gedanken und Bedenken kamen Thomas und Herr Müller gemeinsam zu dem Schluss, dass die Kommunikationsstruktur im Team verbessert werden müsse, um Innovation und Engagement zu fördern. Sie erarbeiteten verschiedene Ansätze, um eine offenere und einladendere Kommunikationskultur zu schaffen.

Eine der wichtigsten Maßnahmen, die sie beschlossen, war die Einführung von regelmäßigen Meetings zum Ideenaustausch. Diese Meetings sollten nicht nur dazu dienen, neue Vorschläge zu diskutieren, sondern auch ein Forum bieten, in dem alle Teammitglieder die Möglichkeit hatten, ihre Ideen zu präsentieren und Feedback zu geben. Herr Müller betonte, dass es wichtig sei, eine Atmosphäre zu schaffen, in der sich jeder sicher fühlt, seine Gedanken zu äußern, ohne Angst vor Ablehnung oder Kritik zu haben.

Zusätzlich vereinbarten sie, dass Herr Müller aktiv darauf achten würde, die Beiträge aller Teammitglieder während der Meetings zu würdigen und sicherzustellen, dass jeder die Möglichkeit hatte, sich zu äußern. Dies sollte dazu beitragen, das Gefühl der Wertschätzung und des Engagements innerhalb des Teams zu stärken.

Ergebnisse der offenen Kommunikation

Die Implementierung der neuen Kommunikationsstrategien zeigte schnell positive Ergebnisse. Die regelmäßigen Meetings wurden gut angenommen, und die Teammitglieder begannen, sich aktiver an den Diskussionen zu beteiligen. Thomas fühlte sich zunehmend ermutigt, seine Ideen einzubringen, und bemerkte, dass auch andere Teammitglieder, die zuvor zurückhaltend waren, nun offener wurden.

Die Atmosphäre im Team verbesserte sich erheblich. Dank der offenen Gesprächskultur wurden viele kreative Lösungen entwickelt, die nicht nur die Effizienz der Arbeitsprozesse steigerten, sondern auch das Engagement und die Zufriedenheit der Mitarbeiter erhöhten. Die Teammitglieder fühlten sich mehr miteinander verbunden und waren motivierter, gemeinsam an Projekten zu arbeiten.

Darüber hinaus führte die erhöhte Innovationsfähigkeit des Teams zu messbaren Ergebnissen: Die Umsetzung der neuen Ideen führte zu einer signifikanten Steigerung der Produktivität und einer Reduktion der Fehlerquote. Das Unternehmen konnte dadurch nicht nur seine Wettbewerbsfähigkeit stärken, sondern auch die Mitarbeiterbindung erhöhen.

Langfristige Auswirkungen und Fazit

Die Fallstudie zeigt, dass offene Kommunikation mit Vorgesetzten eine entscheidende Rolle bei der Förderung eines positiven Arbeitsumfelds spielt. Thomas' proaktive Herangehensweise führte nicht nur zu einer Verbesserung der Beziehung zwischen ihm und seinem Vorgesetzten, sondern auch zu einer signifikanten Steigerung der Teaminnovation. Durch die Schaffung eines offenen Forums für den Ideenaustausch fühlten sich die Mitarbeiter ermutigt, ihre Gedanken zu äußern, was zu einer Vielzahl von kreativen Lösungen und einer spürbaren Steigerung des Engagements innerhalb des Teams führte.

Insgesamt zeigen diese Fallstudien, dass erfolgreiche Konfliktlösungen oft auf proaktiver Kommunikation, offener Zusammenarbeit und dem Willen aller Beteiligten beruhen, an einer gemeinsamen Vision zu arbeiten. Durch die Anwendung solcher Methoden können Unternehmen nicht nur Konflikte effektiv lösen, sondern auch ein positives Arbeitsumfeld schaffen, das Innovation und Teamarbeit fördert.

5.3 Analyse von gescheiterten Konfliktlösungen

Die Analyse gescheiterter Konfliktlösungen ist ein entscheidender Schritt, um aus vergangenen Fehlern zu lernen und zukünftige Konflikte effektiver zu bewältigen. Es ist von großer Bedeutung, die Ursachen und Konsequenzen von gescheiterten Ansätzen zu verstehen, um proaktive Maßnahmen zu entwickeln, die ähnliche Situationen in der Zukunft verhindern. Im Folgenden werden einige Fallstudien vorgestellt, die gescheiterte Konfliktlösungen illustrieren, sowie die Lehren, die daraus gezogen werden können.

1. Fallstudie: Ignorieren von Konflikten

Hintergrund

In einem mittelgroßen Unternehmen, das sich auf den Verkauf von Konsumgütern spezialisiert hat, traten über einen Zeitraum von mehreren Monaten hinweg wiederkehrende Konflikte zwischen der Vertriebs- und der Marketingabteilung auf. Diese Spannungen waren tief verwurzelt in den unterschiedlichen Zielvorgaben und Prioritäten der beiden Abteilungen. Das Vertriebsteam war stark auf kurzfristige Verkaufszahlen und die Erreichung von Quartalszielen fokussiert, während das Marketingteam sich auf die langfristige Markenentwicklung,

Kundenbindung und die Durchführung strategischer Kampagnen konzentrierte.

Die Divergenz in den Zielen führte zu Missverständnissen und Frustrationen. Das Vertriebsteam war der Auffassung, dass das Marketing seine Bedürfnisse nicht ernst nahm und nicht genug Unterstützung für die Verkaufsziele leistete. Auf der anderen Seite sah das Marketingteam das Vertriebsteam als kurzfristig denkend und nicht in der Lage, die langfristigen Ziele des Unternehmens zu verstehen und zu unterstützen. Diese unterschiedlichen Perspektiven führten zu Spannungen und Konflikten, die jedoch vom Management ignoriert wurden.

Eskalation der Konflikte

Obwohl die Konflikte zwischen den Abteilungen offensichtlich waren und sich in Form von offenen Diskussionen und gegenseitigen Vorwürfen äußerten, entschied das Management, diese Probleme zu ignorieren. Sie hofften, dass die Spannungen von selbst verschwinden würden, ohne dass interveniert werden musste. Diese Entscheidung beruhte auf der Annahme, dass die Mitarbeiter letztlich in der Lage seien, ihre Differenzen selbst zu klären, und dass eine Einmischung des Managements die Situation nur verschärfen würde.

Mit der Zeit eskalierten die Spannungen jedoch weiter. Regelmäßige Meetings zwischen den beiden Abteilungen, die ursprünglich dazu gedacht waren, die Zusammenarbeit zu fördern, wurden zunehmend von gegenseitigen Schuldzuweisungen und negativen Kommentaren geprägt. Anstatt Lösungen zu finden, wurden die Diskussionen zu einem Wettstreit, in dem jede Seite versuchte, die andere für die wahrgenommenen Mängel verantwortlich zu machen. Die Atmosphäre wurde zunehmend toxisch und führte dazu, dass die Mitarbeiter das Vertrauen in die Zusammenarbeit verloren.

Die negativen Auswirkungen dieser Konflikte waren nicht nur auf die Beziehungen zwischen den Abteilungen beschränkt. Die Moral der Mitarbeiter sank, und die Produktivität des Unternehmens litt erheblich. Projekte, die die Zusammenarbeit beider Abteilungen erforderten, verzögerten sich, da die Mitarbeiter die Zusammenarbeit mieden oder nur widerwillig daran arbeiteten. Die Unternehmensziele, die auf einer engen Zusammenarbeit zwischen Vertrieb und Marketing basierten, konnten nicht erreicht werden. Die Unternehmensleitung wurde zunehmend besorgt über die sinkenden Verkaufszahlen und die unzufriedenen Mitarbeiter, war jedoch unsicher, wie sie die Situation angehen sollte.

Langfristige Konsequenzen

Die Entscheidung des Managements, die Konflikte zu ignorieren, führte zu weitreichenden Konsequenzen für das Unternehmen. Die andauernden Spannungen trugen nicht nur zur Schaffung einer feindlichen Arbeitsumgebung bei, sondern führten auch zu einem Verlust an wertvollem Wissen und Erfahrung, da einige Mitarbeiter, die die Situation nicht länger ertragen konnten, das Unternehmen verließen. Diese Fluktuation führte zu zusätzlichem Stress für die verbleibenden Mitarbeiter und verschärfte die bereits bestehenden Probleme.

In der Folge musste das Unternehmen erhebliche Ressourcen aufwenden, um neue Mitarbeiter zu rekrutieren und einzuarbeiten, was Zeit und Geld kostete. Darüber hinaus wurde das Unternehmen zunehmend anfällig für Fehler und Missverständnisse, da die Kommunikation zwischen den Abteilungen leidenschaftslos und von Misstrauen geprägt war. Die Unfähigkeit, Konflikte zu lösen, führte letztendlich zu einer stagnierenden Unternehmensentwicklung und einem Rückgang der Marktanteile.

Lehre

Diese Fallstudie verdeutlicht, dass das Ignorieren von Konflikten nicht nur kurzfristige Probleme nicht löst, sondern langfristig zu schwerwiegenden

Konsequenzen führen kann. Es ist von entscheidender Bedeutung, Konflikte frühzeitig zu erkennen und aktiv anzugehen. Anstatt in der Hoffnung zu handeln, dass sich Probleme von selbst lösen, sollten Unternehmen proaktive Maßnahmen ergreifen, um Spannungen zu identifizieren und zu adressieren.

Eine offene und konstruktive Diskussion der Probleme kann helfen, Missverständnisse auszuräumen und eine gemeinsame Basis zu finden. Das Management sollte daher nicht nur bereit sein, Konflikte zu erkennen, sondern auch geeignete Mechanismen einführen, um diese zeitnah zu adressieren. Hierzu könnten regelmäßige Feedbackgespräche, Mediationsangebote oder Workshops zur Teamentwicklung gehören, die darauf abzielen, die Kommunikation zu fördern und die Zusammenarbeit zwischen den Abteilungen zu stärken.

Durch die Schaffung eines unterstützenden Umfelds, in dem Konflikte offen angesprochen werden können, trägt das Management dazu bei, das Vertrauen der Mitarbeiter zu gewinnen und eine positive Unternehmenskultur zu fördern. Letztlich ist die Fähigkeit, Konflikte effektiv zu managen, entscheidend für den langfristigen Erfolg und die Stabilität eines Unternehmens.

2. Fallstudie: Mangelnde Kommunikation

Hintergrund

In einem mittelständischen Unternehmen, das in der Finanzdienstleistungsbranche tätig ist, wurde beschlossen, ein neues IT-System einzuführen, um die internen Prozesse zu optimieren und die Effizienz zu steigern. Die Entscheidung zur Einführung des Systems wurde jedoch auf höchster Führungsebene getroffen, ohne dass die betroffenen Mitarbeiter in den Entscheidungsprozess einbezogen wurden. Die Unternehmensführung war der Ansicht, dass die neuen Technologien die Geschäftsabläufe erheblich verbessern würden, ohne die Notwendigkeit zu sehen, die Belegschaft über die Hintergründe und Ziele der Veränderung zu informieren.

Mangelnde Kommunikation

Die Implementierung des neuen IT-Systems begann, und die ersten Schulungen für die Mitarbeiter wurden angesetzt. Viele Mitarbeiter, die seit Jahren mit dem alten System gearbeitet hatten, fühlten sich plötzlich überrollt. Sie waren nicht nur unvorbereitet auf die Veränderungen, sondern hatten auch keine klare Vorstellung davon, warum das Unternehmen diesen Schritt unternahm und welche Vorteile das neue System mit sich bringen sollte.

Die Schulungen wurden als hastig und unzureichend empfunden. Viele Mitarbeiter berichteten von ihrer Verwirrung bezüglich der neuen Software und der Arbeitsabläufe, die sie nun befolgen sollten. Die fehlende Kommunikation führte zu einem Gefühl der Unsicherheit und Frustration. Anstatt die Vorteile des neuen Systems zu erkennen, wurden Bedenken über die eigene Arbeitsfähigkeit und den Verlust vertrauter Arbeitsweisen laut.

Die Reaktionen der Mitarbeiter reichten von Skepsis bis hin zu offenem Widerstand. Einige Mitarbeiter weigerten sich, das neue System zu nutzen, während andere versuchten, die alten Methoden aufrechtzuerhalten, was zu Verwirrung und zusätzlichen Problemen im täglichen Geschäftsbetrieb führte. Dieser Widerstand wurde nicht nur durch mangelnde Kenntnisse über das neue System verursacht, sondern auch durch das Gefühl, nicht ernst genommen zu werden.

Auswirkungen auf die Unternehmenskultur

Die negativen Auswirkungen der mangelhaften Kommunikation waren nicht nur auf die Einführung des IT-Systems beschränkt. Die allgemeine Moral der Mitarbeiter sank erheblich. Viele fühlten sich von der Unternehmensführung entfremdet und hatten das Gefühl, dass ihre Meinungen und Bedenken nicht geschätzt wurden. Dies führte zu einer hohen

Fluktuation von Mitarbeitern, die sich in der neuen Situation nicht wohlfühlten und das Unternehmen verließen. Die Abteilung, die für die Implementierung des Systems verantwortlich war, sah sich mit einem plötzlichen Verlust an Fachwissen konfrontiert, was die Situation weiter verschärfte.

Die verbleibenden Mitarbeiter waren frustriert und demotiviert. Die ständige Unsicherheit in Bezug auf die neuen Prozesse und die mangelnde Unterstützung durch das Management führten dazu, dass viele das Unternehmen als einen Ort betrachteten, an dem ihre Bedürfnisse und Bedenken nicht ernst genommen wurden. Die Unternehmenskultur, die zuvor durch Teamarbeit und Kommunikation geprägt war, begann zu bröckeln.

Schwierigkeiten im Projektverlauf

Der Widerstand gegen das neue System hatte direkte Auswirkungen auf den Fortschritt des Projekts. Die Implementierung zog sich über Monate, und die angestrebten Effizienzgewinne blieben aus. Die anfänglichen Erwartungen, dass das neue IT-System die Arbeitsabläufe erheblich verbessern würde, erfüllten sich nicht. Stattdessen führte die Chaos-Situation zu Verzögerungen, Fehlern und einem Anstieg der Betriebskosten.

Das Management wurde zunehmend besorgt über die negative Entwicklung des Projekts und versuchte, die Situation zu retten. Sie organisierten einige Informationsveranstaltungen, um die Mitarbeiter über die Vorteile des neuen Systems zu informieren und ihre Bedenken anzuhören. Allerdings war es bereits zu spät, um das Vertrauen der Mitarbeiter zurückzugewinnen, da viele die Möglichkeit einer offenen Kommunikation in der entscheidenden Phase der Einführung vermisst hatten.

Lehren aus der Erfahrung

Die Erfahrung mit der Einführung des neuen IT-Systems verdeutlicht eindrücklich, wie entscheidend klare und transparente Kommunikation während Veränderungsprozessen ist. Unternehmen sollten sicherstellen, dass alle betroffenen Parteien über die Hintergründe, Ziele und den Nutzen von Veränderungen informiert werden.

Die Einbeziehung der Mitarbeiter in den Entscheidungsprozess kann entscheidend dazu beitragen, Akzeptanz zu schaffen und Widerstände abzubauen. Mitarbeiter, die sich in den Prozess einbezogen fühlen und das Gefühl haben, dass ihre Meinungen zählen, sind eher bereit, Veränderungen zu akzeptieren und aktiv daran mitzuwirken.

Darüber hinaus sind offene Kommunikationskanäle und regelmäßige Updates unerlässlich, um das Vertrauen der Mitarbeiter zu gewinnen und sie an Bord zu holen. Dies kann durch verschiedene Maßnahmen erreicht werden, wie beispielsweise regelmäßige Meetings, in denen Mitarbeiter ihre Bedenken äußern können, sowie durch Feedback-Mechanismen, die sicherstellen, dass die Meinungen der Mitarbeiter gehört und berücksichtigt werden.

Insgesamt zeigt diese Fallstudie, dass eine proaktive Kommunikation nicht nur die Implementierung neuer Systeme erleichtert, sondern auch zur Schaffung einer positiven Unternehmenskultur beiträgt, die auf Vertrauen, Zusammenarbeit und gemeinsamen Zielen basiert.

3. Fallstudie: Fehlende Mediation

Hintergrund

In einem mittelständischen Unternehmen, das in der Technologiebranche tätig ist, kam es zu einem Konflikt zwischen einem erfahrenen Softwareentwickler und seinem Vorgesetzten, einem Teamleiter, der erst seit kurzem im Unternehmen war. Der Mitarbeiter, der über mehrere Jahre hinweg wertvolle Beiträge geleistet hatte, fühlte sich zunehmend von den Entscheidungen und dem Führungsstil seines Vorgesetzten ungerecht behandelt. Diese Spannungen blieben jedoch unbemerkt, da beide Parteien es versäumten, ihre Differenzen in einem direkten Gespräch zu klären.

Entstehung des Konflikts

Der Konflikt begann, als der Teamleiter eine neue Strategie zur Umstrukturierung des Entwicklungsteams einführte. Diese Strategie beinhaltete Änderungen in den Arbeitsabläufen und die Zuweisung von Aufgaben, die der Softwareentwickler als ungerecht empfand. Er hatte das Gefühl, dass seine Fachkenntnisse und Erfahrungen nicht ausreichend berücksichtigt wurden und dass seine Vorschläge systematisch ignoriert wurden.

Zusätzlich gab es einige Vorfälle, in denen der Teamleiter in Meetings öffentlich Kritik an der Arbeit des Mitarbeiters übte. Der Mitarbeiter fühlte sich dadurch entwürdigt und nicht wertgeschätzt, was zu einer zunehmenden Frustration und Demotivation führte. Anstatt diese Probleme offen anzusprechen, zogen es beide Parteien vor, den Konflikt zu ignorieren, was zu einer weiteren Eskalation der Spannungen führte.

Eskalation des Konflikts

Mit der Zeit wurde die Situation unerträglich. Der Mitarbeiter begann, seine Arbeitsmoral zu verlieren, was sich negativ auf seine Leistung und die Teamdynamik auswirkte. Anstatt nach Lösungen zu suchen oder Unterstützung zu bitten, fühlte er sich isoliert und übergangen. Der Teamleiter, der sich über die sinkende Motivation seines Mitarbeiters wunderte, war nicht in der Lage, die zugrunde liegenden Probleme zu erkennen.

Die fehlende Kommunikation führte schließlich zu einem formalen Kündigungsprozess, als der Mitarbeiter die Entscheidung traf, das Unternehmen zu verlassen. Er fühlte sich gezwungen, diesen Schritt zu gehen, da er das Gefühl hatte, dass seine Bedenken nicht ernst genommen würden und dass eine Verbesserung der Beziehung zu seinem Vorgesetzten unmöglich war. Der Verlust dieses talentierten Mitarbeiters war für das Unternehmen ein erhebliches Problem, da er nicht nur über wertvolles Fachwissen verfügte, sondern auch ein Mentor für jüngere Teammitglieder war.

Nach dem Konflikt

Nach der Kündigung des Mitarbeiters begann das Management, die Situation zu analysieren und die Ursachen für den Verlust von Talenten zu verstehen. Es wurde schnell klar, dass die fehlende Mediation und Kommunikation zwischen dem Mitarbeiter und dem Vorgesetzten entscheidend zur Eskalation des Konflikts beigetragen hatten. Im Nachhinein war das

Management der Ansicht, dass eine frühzeitige Intervention, sei es durch Mediation oder ein offenes, klärendes Gespräch, möglicherweise die Beziehung zwischen dem Mitarbeiter und dem Teamleiter hätte retten können.

Um derartige Situationen in Zukunft zu vermeiden, entschloss sich das Unternehmen, ein Programm zur Konfliktlösung und Mediation einzuführen. Dies beinhaltete Schulungen für Führungskräfte, um sie in der frühzeitigen Erkennung von Konflikten und der effektiven Kommunikation zu schulen. Zudem wurde ein internes Mediations-Team gebildet, das als neutrale dritte Partei fungieren sollte, um in Konfliktsituationen zu vermitteln und die Kommunikation zwischen den betroffenen Parteien zu erleichtern.

Die Rolle der Mediation

In diesem Fall hätte eine Mediation durch eine neutrale dritte Partei den beiden Beteiligten helfen können, ihre Perspektiven auszutauschen und Missverständnisse auszuräumen. Ein Mediator hätte einen strukturierten Rahmen für das Gespräch geschaffen, in dem beide Parteien in einem sicheren Umfeld ihre Anliegen äußern konnten. Durch aktives Zuhören und gezielte Fragen hätte der Mediator dazu beigetragen, die zugrundeliegenden Probleme zu identifizieren und gemeinsam Lösungen zu erarbeiten.

Darüber hinaus hätte eine Mediation die Möglichkeit geboten, die Beziehung zwischen dem Mitarbeiter und seinem Vorgesetzten zu reparieren. Durch den Dialog hätten beide Parteien ein besseres Verständnis für die Sichtweise des jeweils anderen entwickeln können, was möglicherweise zu einem respektvolleren Umgang und einer verbesserten Zusammenarbeit geführt hätte.

Diese Fallstudie illustriert die Wichtigkeit von Kommunikation und Mediation in der Unternehmensstruktur. Die fehlende Mediation führte nicht nur zu einem schmerzhaften Verlust eines wertvollen Talents, sondern hatte auch langfristige Auswirkungen auf die Teamdynamik und die Unternehmenskultur.

Um solche Konflikte in der Zukunft zu vermeiden, ist es entscheidend, ein Umfeld zu schaffen, in dem offene Kommunikation gefördert wird. Die Einführung von Mediationsprozessen und Schulungen für Führungskräfte kann dazu beitragen, Probleme frühzeitig zu erkennen und anzugehen, bevor sie eskalieren. Letztendlich ist es im Interesse des Unternehmens, eine Kultur zu fördern, in der Mitarbeiter sich gehört und respektiert fühlen, was zu einer höheren Zufriedenheit und Bindung der Talente führt.

Fazit

Die eingehende Analyse dieser Fallstudien
verdeutlicht in eindrucksvoller Weise, dass
gescheiterte Konfliktlösungen nicht nur bedauerliche
Ereignisse sind, sondern vielmehr wertvolle Lektionen
für die Entwicklung zukünftiger
Konfliktmanagementstrategien bieten. In der heutigen
komplexen und dynamischen Geschäftswelt ist es von
entscheidender Bedeutung, dass Unternehmen bereit
sind, Konflikte frühzeitig zu erkennen und aktiv
anzugehen. Eine proaktive Haltung gegenüber
Konflikten fördert nicht nur ein gesundes
Arbeitsumfeld, sondern trägt auch erheblich zur
langfristigen Stabilität und zum Erfolg des
Unternehmens bei.

Ein zentraler Faktor für eine effektive
Konfliktbewältigung ist die Förderung einer offenen
und transparenten Kommunikation innerhalb des
Teams. Unternehmen, die eine Kultur des Dialogs
schaffen, in der Mitarbeiter ermutigt werden, ihre
Bedenken und Ideen ohne Angst vor negativen
Konsequenzen zu äußern, erhöhen die
Wahrscheinlichkeit, dass Missverständnisse frühzeitig
geklärt werden. Diese Offenheit trägt nicht nur zur
Schaffung eines vertrauensvollen Arbeitsumfelds bei,
sondern ermöglicht es auch, dass die Führungskräfte

die Bedürfnisse und Perspektiven ihrer Mitarbeiter besser verstehen und berücksichtigen.

Darüber hinaus erweist sich die Mediation als ein äußerst nützliches Instrument zur Konfliktlösung. Durch die Einbeziehung neutraler Dritter können Spannungen entschärft und Lösungen erarbeitet werden, die für alle Beteiligten akzeptabel sind. Die Anwendung von Mediationsmethoden kann nicht nur dazu beitragen, bestehende Konflikte zu lösen, sondern auch zukünftigen Spannungen vorzubeugen, indem sie die Kommunikationsfähigkeiten der Mitarbeiter verbessert und das gegenseitige Verständnis fördert.

Die Betrachtung von Konfrontationsszenarien, erfolgreichen Konfliktlösungen sowie gescheiterten Ansätzen liefert tiefere Einblicke in die Komplexität von Konflikten im beruflichen Kontext. Diese Fallstudien zeigen, wie unterschiedliche Ansätze zur Konfliktbewältigung zu unterschiedlichen Ergebnissen führen können. Fachkräfte, die aus diesen Erfahrungen lernen, sind in der Lage, effektive Strategien zu entwickeln, um Konflikte nicht nur als Hindernisse, sondern auch als Chancen für Wachstum und Verbesserung zu betrachten. Indem Konflikte als Gelegenheiten zur Weiterentwicklung und zur Stärkung der Teamdynamik angesehen werden, können Unternehmen ihre Innovationskraft und Anpassungsfähigkeit steigern.

In einer dynamischen Arbeitswelt, in der Veränderungen und Herausforderungen an der Tagesordnung sind, sind die Fähigkeiten zur Konfliktbewältigung und die Anwendung effektiver Verhandlungstechniken von entscheidender Bedeutung. Unternehmen, die diese Prinzipien verinnerlichen und in ihre Unternehmenskultur integrieren, sind besser gerüstet, um Herausforderungen erfolgreich zu meistern. Sie schaffen nicht nur ein harmonisches und produktives Arbeitsumfeld, sondern stellen auch sicher, dass ihre Mitarbeiter sich wertgeschätzt und gehört fühlen. Diese positive Unternehmenskultur fördert letztlich die Mitarbeiterbindung, steigert die Zufriedenheit und trägt dazu bei, die Ziele und Visionen des Unternehmens erfolgreich umzusetzen. In diesem Sinne ist die Investition in effektives Konfliktmanagement und Mediation nicht nur eine Frage der Schadensbegrenzung, sondern auch eine strategische Maßnahme zur Förderung des langfristigen Erfolgs und der Wettbewerbsfähigkeit eines Unternehmens.

Kapitel 6: Rolle des Mediators im konfrontativen Konfliktmanagement

In der heutigen komplexen und oft angespannten Geschäftswelt spielt der Mediator eine entscheidende Rolle im Konfliktmanagement. Insbesondere in konfrontativen Konfliktsituationen ist die Fähigkeit eines Mediators, als neutraler Dritter zu agieren und konstruktive Dialoge zu fördern, von zentraler Bedeutung. Dieses Kapitel beleuchtet die Aufgaben und Kompetenzen eines Mediators, die Techniken und Methoden der Mediation sowie die Grenzen und Herausforderungen, denen Mediatoren in ihrer Arbeit begegnen.

6.1 Aufgaben und Kompetenzen eines Mediators

Die Aufgaben eines Mediators sind facettenreich und gehen weit über die bloße Vermittlung zwischen den Konfliktparteien hinaus. Ein Mediator hat die Verantwortung, einen strukturierten und sicheren Rahmen für den Dialog zu schaffen, in dem alle Beteiligten die Möglichkeit haben, ihre Sichtweisen und Bedürfnisse offen und ehrlich zu äußern. Dies erfordert eine Vielzahl von Fähigkeiten und Techniken, die im Folgenden näher erläutert werden.

Schaffung eines vertrauensvollen Rahmens

Ein zentraler Aspekt der Mediationsarbeit ist die Schaffung eines vertrauensvollen Rahmens. Der Mediator muss ein Umfeld schaffen, in dem sich alle Parteien sicher fühlen, ihre Gedanken und Gefühle zu teilen. Vertrauen ist die Grundlage für eine erfolgreiche Mediation, und der Mediator muss durch sein Verhalten und seine Ansprache deutlich machen, dass er die Anliegen aller Beteiligten ernst nimmt. Dies erfordert Empathie, Sensibilität und die Fähigkeit, Vertrauen aufzubauen. Der Mediator sollte von Anfang an klare Regeln und Erwartungen kommunizieren, um eine respektvolle und produktive Atmosphäre zu fördern. Dazu gehört auch, Vertraulichkeit zu gewährleisten, sodass die Parteien wissen, dass ihre Äußerungen nicht außerhalb des Mediationsraums weitergegeben werden.

Neutralität und Unparteilichkeit

Ein erfolgreicher Mediator agiert neutral und unparteiisch. Dies bedeutet, dass er keine Vorurteile hat und keine der Parteien bevorzugt. Neutralität ist entscheidend, um das Vertrauen aller Beteiligten zu gewinnen und sicherzustellen, dass die Mediation fair und objektiv verläuft. Der Mediator muss sich seiner eigenen Meinungen und Vorurteile bewusst sein und aktiv daran arbeiten, diese während des gesamten Prozesses auszublenden. Dies kann auch bedeuten, dass der Mediator manchmal schwierige Fragen stellen oder unangenehme Wahrheiten ansprechen muss, um die Parteien dazu zu bringen, ihre Perspektiven zu überdenken und den Dialog voranzutreiben.

Aktives Zuhören

Aktives Zuhören ist eine der grundlegendsten Fähigkeiten, die ein Mediator besitzen sollte. Mediatoren müssen über ausgezeichnete Zuhörfähigkeiten verfügen, um die Anliegen und Emotionen aller Parteien richtig zu verstehen und zu reflektieren. Aktives Zuhören umfasst mehr als nur das Hören der Worte; es bedeutet auch, nonverbale Signale und Emotionen wahrzunehmen und zu erkennen. Der Mediator kann durch Paraphrasieren, Nachfragen und das Wiederholen von Schlüsselideen sicherstellen, dass alle Parteien gehört und verstanden werden. Dies fördert das Gefühl, dass ihre Perspektiven wichtig sind und ernst genommen werden, was wiederum dazu beitragen kann, Spannungen abzubauen.

Förderung des Dialogs

Eine der Hauptaufgaben des Mediators besteht darin, den Dialog zwischen den Konfliktparteien zu fördern. Der Mediator sollte gezielte Fragen stellen, die darauf abzielen, das Verständnis der Positionen und

Interessen der anderen Partei zu vertiefen. Diese Fragen können dazu dienen, Missverständnisse auszuräumen und den Parteien zu helfen, die Sichtweisen der anderen besser zu verstehen. Der Mediator kann auch Techniken wie das „Spiegeln" anwenden, um sicherzustellen, dass die Kommunikation klar ist und dass die Parteien die Argumente und Gefühle des anderen nachvollziehen können. Ziel ist es, einen konstruktiven Austausch zu ermöglichen, der zu einer Lösung des Konflikts führt.

Entwicklung von Lösungsmöglichkeiten

Eine der wichtigsten Aufgaben eines Mediators ist es, den Parteien zu helfen, kreative und tragfähige Lösungen zu finden, die für alle Beteiligten akzeptabel sind. Dies erfordert oft, dass der Mediator die Parteien dazu anregt, über ihre ursprünglichen Positionen hinauszudenken und alternative Möglichkeiten in Betracht zu ziehen. Der Mediator kann Techniken wie Brainstorming oder das Erstellen von Listen möglicher Lösungen einsetzen, um den kreativen Prozess zu unterstützen. Es ist wichtig, dass der Mediator die Parteien ermutigt, gemeinsam an Lösungen zu arbeiten, anstatt sich in ihren jeweiligen Positionen zu verankern.

Dokumentation der Vereinbarungen

Nach dem erfolgreichen Abschluss der Mediation ist es wichtig, dass der Mediator die vereinbarten Lösungen dokumentiert. Diese Dokumentation sollte klar und präzise sein, um sicherzustellen, dass alle Beteiligten die Ergebnisse verstehen und akzeptieren. Die schriftliche Festhaltung der Vereinbarungen kann auch dazu beitragen, spätere Missverständnisse zu vermeiden und eine Grundlage für die Umsetzung der Lösungen zu schaffen. Der Mediator sollte sicherstellen, dass alle Parteien eine Kopie der Vereinbarungen erhalten und dass diese im Einklang mit den ursprünglichen Zielen und Interessen der Parteien stehen.

Kompetenzen eines Mediators

Die Kompetenzen eines Mediators sind ebenso wichtig wie seine Aufgaben. Zu den wesentlichen Kompetenzen gehören:

- **Exzellente Kommunikationsfähigkeiten**: Ein Mediator muss in der Lage sein, klar und präzise zu kommunizieren, sowohl in der verbalen als auch in der nonverbalen Kommunikation. Dies schließt die Fähigkeit ein, komplexe Ideen einfach zu erklären und sicherzustellen, dass alle Parteien die diskutierten Punkte verstehen.

- **Emotionale Intelligenz**: Die Fähigkeit, die eigenen Emotionen und die der anderen zu erkennen und zu steuern, ist entscheidend. Mediatoren müssen in der Lage sein, empathisch auf die Gefühle der Parteien zu reagieren und eine Atmosphäre des Verständnisses und der Unterstützung zu schaffen.

- **Verständnis für Konfliktdynamiken**: Ein fundiertes Wissen über die Dynamik von Konflikten und die verschiedenen Faktoren, die zu Konflikten führen, ist entscheidend. Mediatoren sollten in der Lage sein, die zugrunde liegenden Interessen und Bedürfnisse der Parteien zu identifizieren und zu analysieren.

- **Erfahrung in der Konfliktlösung**: Praktische Erfahrung in der Mediation oder in verwandten Bereichen ist von großem Vorteil. Mediatoren sollten über Kenntnisse in verschiedenen Mediationsansätzen und -techniken verfügen und in der Lage sein, diese flexibel anzuwenden, je nach den spezifischen Anforderungen des Konflikts.

- **Umgang mit unterschiedlichen Persönlichkeiten und Emotionen**: Mediatoren müssen in der Lage sein, mit einer Vielzahl von

Persönlichkeiten und Emotionen umzugehen. Dies erfordert Geduld, Flexibilität und die Fähigkeit, sich auf unterschiedliche Kommunikationsstile einzustellen, um eine effektive Mediation zu gewährleisten.

Zusammenfassend lässt sich sagen, dass die Rolle eines Mediators weitreichend und vielschichtig ist. Die Kombination aus spezifischen Aufgaben und erforderlichen Kompetenzen ermöglicht es einem Mediator, Konflikte effektiv zu navigieren und Lösungen zu fördern, die für alle Beteiligten von Nutzen sind.

6.2 Techniken und Methoden der Mediation

Die Methoden und Techniken, die Mediatoren in ihrem Prozess anwenden, sind entscheidend für den Erfolg der Mediation und können erheblich variieren, abhängig von der Natur des Konflikts und den beteiligten Parteien. Jede Mediation ist einzigartig und erfordert daher einen flexiblen Ansatz, der auf die spezifischen Bedürfnisse und Dynamiken der Konfliktparteien abgestimmt ist. Im Folgenden werden einige der häufigsten Techniken detaillierter erläutert.

Interessenbasierte Mediation

Die interessenbasierte Mediation ist eine zentrale Technik in der Konfliktlösung, die darauf abzielt, die tiefer liegenden Interessen der Konfliktparteien zu identifizieren und zu adressieren, anstatt sich lediglich auf die sichtbaren Positionen zu konzentrieren. In vielen Konfliktsituationen sind die Parteien oft in ihren Positionen verankert, die in der Regel stark und unveränderlich erscheinen. Diese Positionen sind häufig das Ergebnis emotionaler Reaktionen, persönlicher Wertvorstellungen oder spezifischer Forderungen, die nicht unbedingt die zugrunde liegenden Bedürfnisse widerspiegeln. Diese Starrheit kann zu einer negativen Dynamik führen, in der jede Partei versucht, ihre eigene Position durchzusetzen, ohne die Perspektive des anderen zu berücksichtigen. Infolgedessen kann der Konflikt eskalieren und die Möglichkeit einer Einigung weiter in die Ferne rücken.

Im Gegensatz dazu betrachtet die interessenbasierte Mediation die zugrunde liegenden Interessen, die den Positionen zugrunde liegen. Diese Interessen sind in der Regel flexibler und können eine Vielzahl von Bedürfnissen, Wünschen und Ängsten umfassen. Zum Beispiel könnte eine Partei eine bestimmte Forderung stellen, weil sie sich um ihre finanzielle Sicherheit sorgt, während die andere Partei möglicherweise eine Position einnimmt, die aus einem Bedürfnis nach Anerkennung oder Respekt resultiert. Indem die Medianten angeleitet werden, über ihre unmittelbaren Forderungen hinauszudenken, können sie die tiefer liegenden Bedürfnisse und Motivationen erkennen, die zu ihren Positionen geführt haben. Dies eröffnet die Möglichkeit, kreative Lösungen zu entwickeln, die auf diesen gemeinsamen Interessen basieren und die für beide Seiten vorteilhaft sind.

Der Mediator spielt eine entscheidende Rolle in diesem Prozess, indem er gezielte Fragen stellt und Diskussionen lenkt, um die Interessen der Parteien ans Licht zu bringen. Durch aktives Zuhören und empathisches Verstehen hilft der Mediator den Parteien, ihre eigenen Bedürfnisse klarer zu definieren und auch die Bedürfnisse der anderen zu erkennen. Dies kann durch verschiedene Techniken geschehen, wie zum Beispiel das Paraphrasieren von Aussagen, um sicherzustellen, dass alle Beteiligten gehört und verstanden werden. Der Mediator kann auch gezielte Fragen stellen, die darauf abzielen, die tieferliegenden Interessen zu erforschen, wie etwa: „Was ist Ihnen an dieser Lösung wirklich wichtig?" oder „Welche Ängste oder Bedenken haben Sie in Bezug auf diese Situation?"

Ein wichtiger Aspekt der interessenbasierten Mediation ist die Möglichkeit, gemeinsame Interessen zu entdecken. Oftmals haben die Parteien mehr gemeinsame Ziele, als sie zunächst glauben. Wenn diese gemeinsamen Interessen identifiziert werden, können sie als Grundlage für die Entwicklung von

Lösungen dienen. Zum Beispiel könnten zwei Parteien, die sich in einem geschäftlichen Streit befinden, feststellen, dass beide ein Interesse an einer langfristigen Zusammenarbeit und einem stabilen Geschäftswachstum haben. Diese Entdeckung kann den Weg für eine Einigung ebnen, die beide Seiten zufriedenstellt und gleichzeitig den Konflikt löst.

Ein weiterer Vorteil der interessenbasierten Mediation ist, dass sie den Fokus von einem wettbewerbsorientierten Ansatz auf einen kooperativen Ansatz lenkt. Anstatt dass jede Partei versucht, ihre Position durchzusetzen, arbeiten die Parteien zusammen, um Lösungen zu finden, die ihren gemeinsamen Interessen gerecht werden. Diese Zusammenarbeit kann nicht nur zu effektiveren und nachhaltigeren Lösungen führen, sondern auch die Beziehung zwischen den Parteien stärken. Wenn die Parteien das Gefühl haben, dass ihre Bedürfnisse und Interessen ernst genommen werden, erhöht dies die Wahrscheinlichkeit, dass sie in Zukunft konstruktiver miteinander umgehen.

Zusammenfassend lässt sich sagen, dass die interessenbasierte Mediation ein äußerst effektives Werkzeug in der Konfliktlösung darstellt, da sie die Parteien dazu ermutigt, über ihre Positionen hinauszudenken und die zugrunde liegenden Interessen zu erkennen, die ihre Konflikte antreiben.

Durch die Unterstützung des Mediators können die Parteien ihre Bedürfnisse klarer formulieren, gemeinsame Interessen entdecken und kreative Lösungen entwickeln, die für beide Seiten vorteilhaft sind. Dieser Ansatz fördert nicht nur die Lösungsfindung, sondern auch eine positive und konstruktive Kommunikation zwischen den Parteien, was langfristig zu stabileren Beziehungen und weniger Konflikten führt.

Aktives Zuhören

Aktives Zuhören ist eine grundlegende Technik in der Mediation, die eine Schlüsselrolle im Kommunikationsprozess spielt. Der Mediator hört aufmerksam zu und gibt den Parteien durch Wiederholung oder Paraphrasierung zurück, was gesagt wurde. Diese Technik dient nicht nur dazu, Missverständnisse zu vermeiden, sondern zeigt den Parteien auch, dass ihre Anliegen ernst genommen werden. Aktives Zuhören fördert eine respektvolle und wertschätzende Kommunikation, was entscheidend für den Aufbau von Vertrauen ist. Der Mediator kann auch nonverbale Signale beachten, wie Mimik und Gestik, um ein vollständigeres Verständnis der Emotionen und Reaktionen der Parteien zu erhalten. Durch aktives Zuhören wird eine offene Atmosphäre geschaffen, in der die Parteien sich ermutigt fühlen, ihre Gedanken und Gefühle zu teilen.

Reframing

Reframing ist eine wirkungsvolle Mediationstechnik, die darauf abzielt, negative oder konfrontative Aussagen in neutralere oder positivere Formulierungen umzuwandeln. Diese Methode ist besonders hilfreich, um Spannungen in der Diskussion abzubauen und eine konstruktivere Kommunikation zwischen den Parteien zu fördern. In Konfliktsituationen, in denen Emotionen hochkochen und Missverständnisse häufig sind, kann Reframing eine entscheidende Rolle spielen, um die Interaktion zu entschärfen und den Fokus auf die zugrunde liegenden Bedürfnisse und Anliegen zu lenken.

Ein Beispiel für Reframing könnte eine Situation sein, in der eine Partei eine aggressive Bemerkung macht, wie etwa: „Du hörst nie zu!". Diese Aussage kann leicht als Angriff wahrgenommen werden und die andere Partei defensiv reagieren lassen. In einem solchen Moment kann der Mediator eingreifen und die Aussage umformulieren, um die zugrunde liegende Sorge oder das Bedürfnis zu verdeutlichen. Der Mediator könnte stattdessen anregen: „Es scheint, als ob du dir wünschst, dass deine Ansichten mehr Beachtung finden." Durch diese Umformulierung wird nicht nur der aggressive Tonfall gemildert, sondern auch die Aufmerksamkeit auf das tatsächliche

Anliegen gelenkt – in diesem Fall das Bedürfnis nach gehört werden und Wertschätzung.

Der Prozess des Reframings hat mehrere Vorteile. Erstens fördert er ein respektvolles Gesprächsklima, in dem sich die Parteien weniger angegriffen fühlen und eher bereit sind, zuzuhören und zu kooperieren. Indem die Emotionen aus der Aussage herausgenommen werden, wird der Raum für eine sachlichere Diskussion geschaffen. Dies kann insbesondere in hitzigen Momenten von großem Wert sein, wenn die Parteien dazu neigen, sich in ihren Emotionen zu verlieren oder den Fokus auf die eigentlichen Probleme zu verlieren.

Zweitens kann Reframing dazu beitragen, die Sichtweise der Parteien auf die Situation zu ändern. Indem der Mediator die negative oder konfrontative Aussage in einen positiven oder neutralen Kontext stellt, wird die Wahrnehmung der Situation umgestaltet. Die Parteien beginnen möglicherweise, ihre Konflikte nicht mehr als unüberwindbare Hindernisse, sondern als Herausforderungen zu sehen, die gemeinsam angegangen werden können. Diese veränderte Perspektive kann die Bereitschaft zur Zusammenarbeit und zur Suche nach Lösungen erheblich fördern.

Ein weiterer wichtiger Aspekt von Reframing ist, dass es den Parteien hilft, ihre eigenen Bedürfnisse und

Wünsche klarer zu erkennen und auszudrücken. Oftmals äußern sich Frustrationen oder Konflikte in verletzenden oder anklagenden Bemerkungen, die von tief verwurzelten Ängsten oder unverstandenen Bedürfnissen herrühren. Indem der Mediator die Aussagen reframed, wird den Parteien die Möglichkeit gegeben, sich mit ihren eigenen Motivationen auseinanderzusetzen und diese auf eine konstruktive Weise zu kommunizieren.

Darüber hinaus kann Reframing auch als ein Werkzeug zur Konfliktlösung dienen. Indem die Parteien ermutigt werden, die Situation aus einer anderen Perspektive zu betrachten, können sie möglicherweise neue Lösungsansätze finden, die vorher nicht in Betracht gezogen wurden. Reframing fördert kreatives Denken und kann dazu beitragen, dass die Parteien erkennen, dass es mehrere Wege gibt, mit einem Konflikt umzugehen.

Zusammenfassend lässt sich sagen, dass Reframing eine äußerst nützliche Technik in der Mediation ist, die dazu beiträgt, Spannungen abzubauen, die Kommunikation zu erleichtern und die Sichtweise der Parteien auf Konflikte zu verändern. Durch das Umformulieren negativer oder konfrontativer Aussagen wird nicht nur der Ton der Diskussion verändert, sondern auch ein Raum für Verständnis und Empathie geschaffen. Reframing ermöglicht es den Parteien, ihre Anliegen klarer zu artikulieren und fördert eine kooperative Atmosphäre, die letztendlich zu einer effektiveren Konfliktlösung führt. Indem der Mediator diese Technik geschickt anwendet, kann er dazu beitragen, dass die Mediation auf einem positiven und konstruktiven Weg voranschreitet.

Brainstorming

Brainstorming ist eine kreative und dynamische Technik, die Mediatoren in ihre Sitzungen integrieren können, um eine Vielzahl von Lösungsmöglichkeiten zu entwickeln und zu erkunden. Diese Methode bietet den Parteien die Gelegenheit, in einem entspannten und offenen Umfeld ihre Ideen und Gedanken zu äußern, ohne dass sofortige Bewertungen oder Kritiken an diesen Vorschlägen erfolgen. Der Mediator spielt hierbei eine zentrale Rolle, indem er einen Raum schafft, der von Vertrauen, Respekt und Offenheit geprägt ist.

Ein entscheidendes Merkmal des Brainstormings ist die Akzeptanz aller Ideen, unabhängig davon, wie praktikabel oder unrealistisch sie erscheinen mögen. Diese Freiheit, Gedanken ohne Einschränkungen zu äußern, fördert nicht nur die Kreativität, sondern kann auch dazu beitragen, dass die Parteien sich aktiver und engagierter im Lösungsprozess fühlen. Indem der

Mediator die Teilnehmer ermutigt, auch ungewöhnliche oder spontane Ideen zu äußern, wird das kreative Potenzial der Gruppe maximiert. Oft sind es gerade die unkonventionellen Vorschläge, die zu innovativen Lösungen führen oder zu weiteren Ideen inspirieren können.

Der Mediator sollte während der Brainstorming-Phase darauf achten, eine positive und unterstützende Atmosphäre zu schaffen, in der alle Teilnehmer die Sicherheit haben, ihre Gedanken zu teilen. Er kann dies erreichen, indem er klare Regeln für die Sitzung formuliert, wie zum Beispiel: „Es gibt keine schlechten Ideen" oder „Wir bewerten die Vorschläge erst später". Solche Leitlinien helfen, eine Kultur des Vertrauens zu etablieren, in der die Teilnehmer sich ermutigt fühlen, ihre Gedanken zu äußern, ohne Angst vor Ablehnung oder Kritik.

Ein weiterer wichtiger Aspekt des Brainstormings ist die Förderung der Zusammenarbeit zwischen den Parteien. Wenn jeder dazu angeregt wird, seine Ideen einzubringen, entsteht ein Gefühl der Gemeinschaft und des Teamgeists. Dies kann insbesondere in Konfliktsituationen von Bedeutung sein, in denen die Parteien möglicherweise zuvor in einer konfrontativen oder wettbewerbsorientierten Haltung zueinander standen. Der Prozess des gemeinsamen Ideenfindens trägt dazu bei, Barrieren abzubauen und ein Gefühl der Zusammengehörigkeit zu fördern.

Nach der Brainstorming-Phase folgt der entscheidende Schritt der Bewertung und Auswahl der generierten Ideen. Hierbei können die Parteien gemeinsam die Vorschläge durchgehen und die vielversprechendsten Ansätze identifizieren, die weiterverfolgt werden sollen. Diese Phase kann durch verschiedene Methoden unterstützt werden, beispielsweise durch Abstimmungen oder durch das Erstellen von Prioritätenlisten. Der Mediator kann dabei helfen, die Diskussion zu strukturieren und sicherzustellen, dass alle Stimmen gehört werden.

Es ist wichtig, dass die Bewertung der Ideen in einer konstruktiven und respektvollen Weise erfolgt. Der Mediator sollte darauf achten, dass die Diskussion nicht in eine kritische oder ablehnende Haltung umschlägt, da dies die Kreativität der Teilnehmer hemmen könnte. Stattdessen sollte der Fokus auf den positiven Aspekten der Vorschläge liegen und darauf, wie diese Ideen in praktikable Lösungen umgesetzt werden können.

Das Brainstorming kann nicht nur zu einer Vielzahl von Lösungsmöglichkeiten führen, sondern es stärkt auch die Eigenverantwortung der Parteien im Prozess. Indem sie aktiv an der Generierung und Auswahl von Lösungen beteiligt sind, erkennen die Teilnehmer, dass sie Einfluss auf das Ergebnis haben und dass ihre Meinungen und Ideen wertgeschätzt werden. Dies kann zu einer höheren Akzeptanz der finalen Lösungen führen, da die Parteien sehen, dass sie Teil des Prozesses waren und ihre Bedürfnisse und Bedenken berücksichtigt wurden.

Zusammenfassend lässt sich sagen, dass Brainstorming eine äußerst nützliche Technik im Mediationsprozess ist, die Kreativität fördert, eine positive Atmosphäre schafft und die Zusammenarbeit zwischen den Parteien stärkt. Durch die Ermutigung zur freien Äußerung von Ideen und die anschließende strukturierte Bewertung und Auswahl der Vorschläge wird ein Raum geschaffen, in dem innovative Lösungen entwickelt werden können. Der Mediator spielt hierbei eine Schlüsselrolle, indem er die Rahmenbedingungen für eine erfolgreiche Brainstorming-Session setzt und sicherstellt, dass alle Teilnehmer sich respektiert und gehört fühlen.

Rollenspiele

Rollenspiele sind eine äußerst wirkungsvolle Technik, die in der Mediation eingesetzt wird, um die Empathie und das Verständnis zwischen den Parteien zu fördern. In vielen Konfliktsituationen neigen die Beteiligten dazu, in ihren eigenen Perspektiven gefangen zu sein, wodurch die Kommunikation und die Fähigkeit, Lösungen zu finden, erheblich eingeschränkt werden. Durch das Einnehmen der Rolle der anderen Partei wird es den Medianten ermöglicht, die Situation aus einem anderen Blickwinkel zu betrachten und ihre eigenen Positionen zu hinterfragen.

Der Prozess des Rollenspiels beginnt normalerweise damit, dass der Mediator die Parteien anleitet, eine vereinbarte Situation oder ein spezifisches Szenario nachzustellen. Dabei wird eine der Parteien gebeten, die Rolle der anderen Partei zu übernehmen und deren Gedanken, Gefühle und Reaktionen zu verkörpern. Dies kann in einer strukturierten Weise geschehen, in der bestimmte Aussagen oder Konfliktsituationen nachgespielt werden, oder auch in einer freieren Form, in der die Parteien improvisieren und spontan aufeinander reagieren. Der Mediator sorgt dafür, dass die Atmosphäre sicher und respektvoll bleibt, sodass sich alle Teilnehmer wohlfühlen, während sie diese neue Perspektive erkunden.

Ein zentrales Element des Rollenspiels ist die Förderung von Empathie. Indem die Teilnehmer die Rolle des anderen einnehmen, erhalten sie die Möglichkeit, sich in die Emotionen und Gedanken der anderen Partei hineinzuversetzen. Sie können erfahren, wie ihre eigenen Worte und Handlungen von der anderen Seite wahrgenommen werden und welche Auswirkungen diese auf die Beziehung und das Konfliktgeschehen haben können. Diese neue Einsicht kann oft zu einem Aha-Erlebnis führen, das die Parteien dazu anregt, ihre eigenen Positionen zu überdenken und einfühlsamer miteinander umzugehen.

Ein Beispiel für ein Rollenspiel könnte eine Situation sein, in der zwei Kollegen um eine Beförderung konkurrieren. In einem Rollenspiel könnte der eine Kollege die Rolle des anderen übernehmen und dessen Gedanken und Gefühle bezüglich der Beförderung ausdrücken. Während dieses Prozesses könnte der Mediator den Teilnehmer anregen, über die Unsicherheiten, Ängste und Hoffnungen nachzudenken, die die andere Partei erlebt. Dies kann dazu führen, dass sie erkennen, wie wichtig es ist, die Perspektive des anderen zu berücksichtigen, und dass sie möglicherweise unbewusst zur Eskalation des Konflikts beigetragen haben.

Rollenspiele können auch dazu beitragen, festgefahrene Positionen aufzubrechen. Oftmals sind Konflikte von starren Ansichten geprägt, die eine Lösung erschweren. Durch das Einnehmen der Rolle des anderen können die Parteien neue Einsichten und Perspektiven gewinnen, die sie zuvor möglicherweise nicht in Betracht gezogen haben. Dies kann dazu führen, dass sie erkennen, dass es mehrere Wege gibt, um einen Konflikt zu lösen, und dass Kompromisse oder kreative Lösungen möglich sind, die zuvor nicht in den Fokus gerückt wurden.

Darüber hinaus können Rollenspiele die Kommunikationsfähigkeiten der Parteien verbessern. Indem sie gezwungen sind, die Sichtweise des anderen zu formulieren, üben sie aktives Zuhören und wertschätzende Ausdrucksformen. Dies kann nicht nur zu einem besseren Verständnis der anderen Partei führen, sondern auch dazu, dass die Teilnehmer lernen, ihre eigenen Gedanken und Gefühle klarer zu kommunizieren. Der Mediator kann während dieser Übung unterstützend eingreifen, um sicherzustellen, dass die Kommunikation respektvoll bleibt und dass die Teilnehmer die Chance haben, sich gegenseitig zuzuhören und zu reflektieren.

Abschließend lässt sich sagen, dass Rollenspiele eine wertvolle Technik in der Mediation darstellen, die dazu beiträgt, Empathie zu fördern, festgefahrene Positionen aufzubrechen und neue Einsichten zu gewinnen. Indem die Parteien die Perspektive der anderen übernehmen, können sie nicht nur ihre eigenen Sichtweisen überdenken, sondern auch die Beziehung zueinander stärken. Diese Technik bietet eine interaktive und dynamische Möglichkeit, den

Konflikt zu bearbeiten und die Grundlagen für eine konstruktive und respektvolle Kommunikation zu legen. Der Mediator spielt hierbei eine entscheidende Rolle, indem er den Rahmen für das Rollenspiel schafft und die Parteien dazu anregt, sich auf diesen Prozess einzulassen.

Klarstellung und Zusammenfassung

Ein zentraler Aspekt der Mediationsarbeit ist die Technik der Klarstellung und Zusammenfassung, die der Mediator regelmäßig einsetzen sollte. Diese Praktiken sind entscheidend, um sicherzustellen, dass alle Parteien auf dem gleichen Stand sind, Missverständnisse zu minimieren und die Diskussion zu strukturieren. In einem oft emotional aufgeladenen und komplexen Kontext kann es leicht geschehen, dass wichtige Punkte übersehen oder falsch interpretiert werden. Daher ist es von großer Bedeutung, dass der Mediator eine klare und präzise Kommunikation fördert.

Klarstellungen helfen den Parteien dabei, ihre Gedanken und Äußerungen präziser zu formulieren. Wenn beispielsweise eine Partei eine Aussage trifft, die vage oder mehrdeutig ist, kann der Mediator eingreifen und gezielte Fragen stellen, um die Aussage zu präzisieren. Dies ermöglicht nicht nur ein besseres Verständnis unter den Parteien, sondern gibt auch jedem Beteiligten die Möglichkeit, seine Position klarer zu artikulieren. Indem der Mediator nachfragt und um Klärung bittet, zeigt er, dass jede Stimme gehört und ernst genommen wird. Dies trägt dazu bei, ein Gefühl der Wertschätzung und des Respekts zu schaffen, was in einem Konfliktkontext besonders wichtig ist.

Die Technik der Zusammenfassung ist ebenso wichtig. Der Mediator kann regelmäßig die wichtigsten Punkte, die im Laufe der Diskussion angesprochen wurden, zusammenfassen. Dies hilft nicht nur dabei, die Diskussion zu strukturieren, sondern stellt auch sicher, dass alle relevanten Themen erfasst werden. Eine gute Zusammenfassung kann die Zuhörer daran erinnern, was bereits besprochen wurde, und sie auf die nächsten Schritte vorbereiten. Durch die Hervorhebung der Kernpunkte wird auch die Möglichkeit geschaffen, die Diskussion zu fokussieren und sich auf die wesentlichen Aspekte des Konflikts zu konzentrieren. Oft neigen Parteien dazu, sich in Nebensächlichkeiten zu verlieren oder von emotionalen Reaktionen geleitet zu werden. Eine klare Zusammenfassung kann helfen, diese Tendenzen zu korrigieren und den Blick auf die relevanten Themen zu lenken.

Zusätzlich kann die Zusammenfassung dazu beitragen, das Vertrauen zwischen den Parteien zu stärken. Wenn der Mediator die Aussagen der

Parteien präzise wiedergeben kann, zeigt dies, dass er aufmerksam zuhört und die Anliegen der Beteiligten ernst nimmt. Dieses Vertrauen ist entscheidend, um eine offene und ehrliche Kommunikation zu fördern, die für den Erfolg der Mediation unerlässlich ist.

Ein weiterer Vorteil der Klarstellung und Zusammenfassung liegt in der Möglichkeit, Fortschritte zu dokumentieren. Wenn der Mediator regelmäßig zusammenfasst, was erreicht wurde und welche Punkte weiterhin diskutiert werden müssen, wird ein klarer Fortschritt im Prozess sichtbar. Dies kann den Parteien das Gefühl geben, dass sie auf dem richtigen Weg sind, und sie darin bestärken, weiterhin aktiv an der Mediation teilzunehmen.

Darüber hinaus kann eine strukturierte Zusammenfassung auch helfen, die Emotionen der Parteien zu regulieren. In hitzigen Diskussionen kann es leicht zu Missverständnissen und emotionalen Ausbrüchen kommen. Durch die regelmäßige Klarstellung und Zusammenfassung kann der Mediator eine beruhigende und stabilisierende Rolle einnehmen, die dazu beiträgt, die Spannung zu senken und die Parteien auf die sachliche Diskussion zurückzuführen.

Zusammenfassend lässt sich sagen, dass Klarstellung und Zusammenfassung wesentliche Techniken im Mediationsprozess sind, die dazu beitragen, die

Kommunikation zu verbessern, Missverständnisse zu vermeiden und die Diskussion zu strukturieren. Durch die Anwendung dieser Techniken fördert der Mediator ein respektvolles und konstruktives Gesprächsklima, in dem alle Parteien die Möglichkeit haben, gehört zu werden und auf die wesentlichen Aspekte ihres Konflikts fokussiert zu bleiben. Diese Praktiken sind nicht nur effektiv, um den Verlauf der Mediation zu organisieren, sondern auch entscheidend für die Schaffung einer produktiven und kooperativen Atmosphäre, die letztendlich zu einer erfolgreichen Konfliktlösung führen kann.

Zielsetzung

Die Zielsetzung während der Mediation spielt eine entscheidende Rolle, um den Prozess strukturiert und zielführend zu gestalten. Der Mediator hat die Aufgabe, die Parteien dazu anzuregen, spezifische, messbare und realistische Ziele zu definieren, die sie im Laufe der Mediation erreichen möchten. Dieser Schritt ist von zentraler Bedeutung, um die Diskussion auf relevante Themen zu fokussieren und klare Erwartungen zu schaffen.

Indem die Parteien ihre Ziele klar formulieren, können sie ihre Prioritäten identifizieren und konkretisieren, was ihnen in der Mediation wirklich wichtig ist. Oftmals sind die Konflikte von Emotionen und Missverständnissen geprägt, was dazu führen kann, dass die Parteien den Überblick über ihre tatsächlichen Bedürfnisse verlieren. Durch die Zielsetzung wird ein klarer Rahmen geschaffen, der es den Parteien ermöglicht, ihre Wünsche und Bedürfnisse in greifbare Ziele zu übersetzen. Diese Klarheit ist besonders wichtig, um die Kommunikation zwischen den Parteien zu verbessern und um sicherzustellen, dass alle Beteiligten auf derselben Seite stehen.

Der Mediator spielt eine aktive Rolle dabei, die Parteien bei der Formulierung ihrer Ziele zu unterstützen. Er kann durch gezielte Fragen und den Einsatz von Techniken wie dem „SMART"-Prinzip helfen, die Ziele so zu gestalten, dass sie spezifisch (Specific), messbar (Measurable), erreichbar (Achievable), relevant (Relevant) und zeitgebunden (Time-bound) sind. Zum Beispiel könnte ein Ziel für eine Konfliktpartei darin bestehen, die Kommunikation mit der anderen Partei innerhalb der nächsten zwei Wochen zu verbessern, anstatt allgemein zu sagen, dass sie „besser kommunizieren" möchten. Diese präzise Formulierung schafft nicht nur Klarheit, sondern ermöglicht auch eine spätere Überprüfung des Fortschritts.

Ein klar definierter Zielrahmen kann darüber hinaus die Motivation der Parteien erhöhen. Wenn die Parteien sehen, dass ihre Ziele realistisch und erreichbar sind, sind sie eher bereit, sich aktiv am Mediationsprozess zu beteiligen. Das Gefühl, dass es möglich ist, positive Ergebnisse zu erzielen, kann die Bereitschaft zur Zusammenarbeit fördern und die Dynamik des Prozesses erheblich verbessern. Indem alle Beteiligten auf ein gemeinsames Ergebnis hinarbeiten, wird das Gefühl der Gemeinschaft gestärkt, und es entsteht ein kooperativer Geist, der entscheidend für den Erfolg der Mediation ist.

Zusätzlich kann der Mediator während des Prozesses regelmäßig überprüfen, ob die definierten Ziele noch relevant sind oder ob Anpassungen notwendig sind. Oft können sich während der Mediation neue Einsichten und Prioritäten ergeben, die eine Neubewertung der Ziele erfordern. Indem der Mediator flexibel auf diese Veränderungen reagiert, bleibt der Prozess dynamisch und anpassungsfähig, was den Parteien hilft, ihre Bedürfnisse und Erwartungen kontinuierlich anzupassen.

Insgesamt ist die Zielsetzung ein essenzieller Bestandteil der Mediation, der nicht nur zur Klärung der Anliegen der Parteien beiträgt, sondern auch einen strukturierten Rahmen für die Diskussion bietet. Durch die Unterstützung des Mediators bei der Formulierung realistischer und erreichbarer Ziele können die Parteien motiviert werden, aktiv zuzuhören, ihre Perspektiven zu teilen und letztendlich eine Lösung zu finden, die für alle Beteiligten akzeptabel ist. Die Fähigkeit, gemeinsam an definierten Zielen zu arbeiten, ist ein entscheidender Faktor für den Erfolg des gesamten Mediationsprozesses.

Fazit

Die in der Mediation angewandten Techniken sind gezielt darauf ausgerichtet, die Kommunikation zwischen den Konfliktparteien zu fördern, Missverständnisse auszuräumen und die Beteiligten zu ermutigen, gemeinsam an der Entwicklung von Lösungen zu arbeiten. Ein zentraler Aspekt dieser Techniken ist die Schaffung eines sicheren und respektvollen Rahmens, in dem alle Parteien ihre Gedanken und Gefühle offen äußern können. Der Mediator spielt hierbei eine entscheidende Rolle, indem er eine Atmosphäre des Vertrauens und der Offenheit herstellt, die es den Parteien ermöglicht, sich auf die zugrunde liegenden Probleme zu konzentrieren, anstatt sich in persönlichen Angriffen oder defensiven Verhaltensweisen zu verlieren.

Die Förderung einer positiven Kommunikationskultur ist essenziell, um Missverständnisse zu klären, die häufig die Wurzel vieler Konflikte sind. Oftmals basieren Konflikte auf unklaren Informationen oder falschen Annahmen. Durch gezielte Fragestellungen, aktives Zuhören und das Paraphrasieren von Aussagen des anderen können Mediatoren dazu beitragen, diese Missverständnisse zu identifizieren und auszuräumen. Dies nicht nur erleichtert den Dialog, sondern ermöglicht es den Parteien auch, sich gegenseitig besser zu verstehen und Empathie für die Perspektive des anderen zu entwickeln.

Die Ermutigung zur gemeinsamen Lösungsfindung ist ein weiterer wichtiger Bestandteil der Mediation. Anstatt dass jede Partei versucht, ihre eigene Position durchzusetzen, werden die Beteiligten dazu angeregt, ihre Bedürfnisse und Interessen zu artikulieren und in einen kreativen Prozess einzutreten, in dem sie gemeinsam nach Lösungen suchen, die für alle akzeptabel sind. Dieser kooperative Ansatz fördert nicht nur die Entwicklung von Lösungen, die für alle Seiten vorteilhaft sind, sondern stärkt auch das Gefühl der Zusammenarbeit und des gemeinsamen Engagements.

Letztendlich zielt die Mediation nicht nur darauf ab, einen spezifischen Konflikt zu lösen, sondern auch darauf, die Beziehungen zwischen den Parteien zu verbessern. Durch die Erfahrungen, die sie während des Mediationsprozesses machen, lernen die Beteiligten, wie sie in Zukunft effektiver miteinander kommunizieren können. Sie entwickeln Fähigkeiten, die es ihnen ermöglichen, Konflikte konstruktiver anzugehen und Missverständnisse frühzeitig zu klären, bevor sie eskalieren. Dies kann langfristig zu stabileren und harmonischeren Beziehungen führen, sei es im beruflichen oder im privaten Umfeld.

Insgesamt zeigt sich, dass die Techniken der Mediation weit über die bloße Konfliktlösung hinausgehen. Sie fördern eine Kultur der Kommunikation, des Verständnisses und der Zusammenarbeit, die nicht nur im Moment der Mediation von Bedeutung ist, sondern auch für die zukünftige Interaktion zwischen den Parteien. Indem Mediatoren ein Umfeld schaffen, das von Respekt und Offenheit geprägt ist, tragen sie entscheidend dazu bei, dass die Parteien nicht nur ihre aktuellen Konflikte bewältigen, sondern auch ihre Fähigkeit zur konstruktiven Kommunikation und Zusammenarbeit langfristig stärken. Dies ist der Schlüssel zu einer erfolgreichen Konfliktbewältigung und zu einem harmonischeren Miteinander in der Zukunft.

6.3 Grenzen und Herausforderungen der Mediation

Trotz der zahlreichen Vorteile und der Wirksamkeit der Mediation gibt es eine Reihe von Grenzen und Herausforderungen, die Mediatoren in ihrer Praxis begegnen können. Diese Herausforderungen können sowohl den Verlauf der Mediation als auch die Qualität der erzielten Ergebnisse erheblich beeinflussen. Im Folgenden werden die häufigsten Herausforderungen detaillierter betrachtet.

Widerstand der Parteien

Ein häufiges und bedeutendes Hindernis in der Mediation ist der Widerstand der Konfliktparteien. Dieser Widerstand kann sich in unterschiedlichen Formen äußern, wie etwa in offener Ablehnung des Mediationsprozesses, in passivem Verhalten oder in einer grundsätzlichen Skepsis gegenüber der Möglichkeit einer Einigung. Oft fühlen sich die Parteien unwohl dabei, ihre Konflikte offen zu diskutieren, was die Mediation erheblich erschwert.

Die Gründe für diesen Widerstand sind vielfältig und können aus unterschiedlichen Quellen stammen. Häufig basiert die Skepsis auf negativen Erfahrungen mit ähnlichen Prozessen in der Vergangenheit. Wenn eine Partei bereits einmal an einer unproduktiven Mediation teilgenommen hat, in der ihre Anliegen nicht ausreichend gewürdigt wurden, kann dies zu einem tiefsitzenden Misstrauen gegenüber dem Mediator und dem gesamten Prozess führen. Auch ein grundsätzliches Misstrauen gegenüber dem Mediator selbst kann eine Rolle spielen, insbesondere wenn die Parteien den Eindruck haben, dass der Mediator nicht neutral ist oder die Interessen einer Partei über die der anderen stellt.

Ein weiterer Grund für Widerstand kann die Überzeugung sein, dass ihre Positionen unveränderlich sind. Die Parteien sind möglicherweise stark an ihren Standpunkten und Interessen festgehalten und glauben, dass eine Einigung nicht möglich ist. Diese Überzeugung kann durch emotionale Faktoren, wie Angst vor Verlust oder Verletzung des eigenen Stolzes, verstärkt werden. Wenn eine oder mehrere Parteien nicht bereit sind, sich aktiv an der Mediation zu beteiligen, kann dies die Dynamik des gesamten Prozesses erheblich stören und die Wirksamkeit der Mediation gefährden.

In solchen Fällen ist es für den Mediator entscheidend, besondere Techniken und Strategien anzuwenden, um das Vertrauen der Parteien zu gewinnen und sie dazu zu ermutigen, sich auf den Prozess einzulassen. Zu diesen Techniken gehört vor allem das Schaffen eines sicheren und respektvollen Raums, in dem alle Beteiligten ihre Bedenken und Gefühle äußern können, ohne Angst vor negativen Konsequenzen oder Repressalien zu haben. Der Mediator sollte dabei eine Atmosphäre fördern, die durch Offenheit und Ehrlichkeit gekennzeichnet ist.

Ein wichtiger Schritt in diesem Prozess ist das aktive Zuhören. Der Mediator sollte den Parteien die Möglichkeit geben, ihre Bedenken und Ängste zu äußern, ohne sofortige Bewertungen oder Gegenargumente zu liefern. Durch aktives Zuhören zeigt der Mediator, dass er die Perspektiven der Parteien ernst nimmt und wertschätzt. Dies kann dazu beitragen, das Vertrauen in den Mediationsprozess zu stärken und den Parteien das Gefühl zu geben, dass ihre Anliegen gehört und respektiert werden.

Darüber hinaus kann der Mediator auch die Bedeutung der Mediation und ihre potenziellen Vorteile für alle Beteiligten betonen. Indem er den Parteien aufzeigt, wie eine einvernehmliche Lösung nicht nur ihre individuellen Interessen, sondern auch das Gesamtwohl aller Beteiligten fördern kann, kann der Mediator helfen, den Widerstand zu verringern. Hierbei ist es wichtig, dass der Mediator klarstellt, dass die Mediation ein freiwilliger Prozess ist, der den Parteien die Möglichkeit bietet, selbst Einfluss auf die Lösung ihres Konflikts zu nehmen.

Um den Widerstand weiter abzubauen, kann der Mediator auch kleine, erreichbare Ziele festlegen, die im Rahmen der Mediation angestrebt werden können. Indem er die Parteien dazu ermutigt, schrittweise an der Klärung ihrer Anliegen zu arbeiten, kann der Mediator ein Gefühl der Fortschritts und der Machbarkeit schaffen. Dies kann dazu beitragen, die anfängliche Skepsis zu überwinden und die Bereitschaft zur aktiven Teilnahme am Prozess zu erhöhen.

Ein weiterer wichtiger Aspekt ist die Förderung von Empathie zwischen den Parteien. Der Mediator kann Techniken einsetzen, die es den Parteien ermöglichen, sich in die Perspektive des anderen hineinzuversetzen. Durch das Verständnis der Emotionen und Bedürfnisse der anderen Partei können festgefahrene Positionen aufgebrochen werden, und es wird Raum für Dialog und kreative Lösungen geschaffen.

Zusammenfassend lässt sich sagen, dass der Widerstand der Parteien in der Mediation ein erhebliches Hindernis darstellen kann, das jedoch mit den richtigen Techniken und einem einfühlsamen Ansatz angegangen werden kann. Der Mediator spielt eine entscheidende Rolle dabei, ein vertrauensvolles Umfeld zu schaffen, in dem alle Parteien bereit sind, ihre Anliegen offen zu diskutieren und aktiv am Prozess teilzunehmen. Durch aktives Zuhören, die

Schaffung von Sicherheit, die Betonung der Vorteile der Mediation und die Förderung von Empathie kann der Mediator helfen, den Widerstand abzubauen und den Weg für eine erfolgreiche Konfliktlösung zu ebnen.

Ungleichgewicht der Macht

Ein weiteres häufiges und bedeutendes Problem in der Mediation ist das Ungleichgewicht der Macht zwischen den beteiligten Parteien. In vielen Konfliktsituationen kann es vorkommen, dass eine Partei über mehr Einfluss, Ressourcen, Unterstützung oder Informationen verfügt als die andere. Dieses Ungleichgewicht ist oft nicht nur eine Frage der individuellen Fähigkeiten oder der Argumentation, sondern kann auch durch äußere Faktoren wie soziale, wirtschaftliche oder kulturelle Hintergründe bedingt sein. Wenn eine Partei in einer stärkeren Position ist, kann dies dazu führen, dass die weniger mächtige Partei sich benachteiligt, übergangen oder sogar eingeschüchtert fühlt. Solche Empfindungen können die Verhandlungen erheblich beeinträchtigen und dazu führen, dass die weniger mächtige Partei sich nicht ausreichend Gehör verschaffen kann.

In einem solchen Umfeld ist es für den Mediator von entscheidender Bedeutung, ein Gleichgewicht herzustellen und sicherzustellen, dass alle Stimmen gehört werden. Der Mediator muss deshalb besonders darauf achten, dass niemand die Diskussion dominiert oder die weniger mächtige Partei in ihrer Ausdrucksweise einschränkt. Dieses Vorgehen erfordert ein hohes Maß an Sensibilität, Empathie und Geschick. Der Mediator sollte die Dynamik zwischen den Parteien genau beobachten, um zu erkennen, wenn eine Partei möglicherweise übermäßig Einfluss auf die Diskussion ausübt oder wenn die weniger mächtige Partei zurückhaltend bleibt, aus Angst, ihre Position zu verlieren.

Um das Ungleichgewicht der Macht zu adressieren, kann der Mediator verschiedene Techniken und Strategien anwenden. Eine effektive Methode ist das aktive Einbeziehen aller Parteien durch gezielte Fragen. Der Mediator könnte zum Beispiel die weniger mächtige Partei direkt ansprechen und sie ermutigen, ihre Sichtweise oder Bedenken zu äußern. Dies kann in Form von Fragen geschehen wie: „Wie sehen Sie die Situation?" oder „Was sind Ihre Hauptanliegen?" Solche Fragen geben der weniger mächtigen Partei die Möglichkeit, ihre Perspektive offen darzulegen, ohne dass sie sich von der anderen Partei unter Druck gesetzt fühlt.

Ein weiterer wichtiger Aspekt ist das „Reframing" der Probleme. Hierbei hilft der Mediator, die Sichtweise auf bestimmte Themen oder Streitpunkte zu verändern, um eine ausgewogenere Diskussion zu fördern. Wenn beispielsweise eine stärkere Partei ihre Argumente sehr bestimmt vorträgt, könnte der Mediator diese Argumente in einen Kontext setzen, der die Bedürfnisse und Bedenken der anderen Partei besser berücksichtigt. So könnte der Mediator sagen: „Es scheint, dass die Lösung, die Sie vorschlagen, viele Vorteile mit sich bringt. Lassen Sie uns jedoch auch betrachten, wie diese Lösung die Bedenken der anderen Partei beeinflussen könnte." Auf diese Weise wird die Diskussion auf eine inklusivere Weise gestaltet, die das Gefühl der Gleichwertigkeit fördert.

Darüber hinaus kann der Mediator auch Techniken zur Förderung von Selbstbewusstsein bei der weniger mächtigen Partei einsetzen. Indem er ihr Rückmeldung gibt und sie ermutigt, ihre Interessen klar zu formulieren, kann er dazu beitragen, dass sie sich sicherer fühlt, ihre Position zu vertreten. Dies kann durch individuelle Gespräche geschehen, in denen der Mediator der weniger mächtigen Partei versichert, dass ihre Anliegen wichtig sind und dass sie das Recht hat, ihre Stimme zu erheben.

Es ist auch entscheidend, eine respektvolle und unterstützende Atmosphäre zu schaffen, in der sich beide Parteien wohlfühlen, ihre Gedanken und Gefühle auszudrücken. Der Mediator sollte darauf achten, dass alle Diskussionen in einem respektvollen Ton geführt werden und dass persönliche Angriffe oder abschätzige Bemerkungen nicht toleriert werden. Eine solche Umgebung fördert das Vertrauen und ermutigt die weniger mächtige Partei, aktiver am Prozess teilzunehmen.

Zusammenfassend lässt sich sagen, dass das Ungleichgewicht der Macht in der Mediation eine erhebliche Herausforderung darstellen kann, die jedoch mit den richtigen Techniken und einer einfühlsamen Herangehensweise angegangen werden kann. Der Mediator spielt eine entscheidende Rolle dabei, ein Gleichgewicht zu schaffen, indem er alle Parteien gleichwertig einbezieht und sicherstellt, dass die weniger mächtige Partei die Möglichkeit hat, ihre Position klar darzulegen und ihre Interessen angemessen vertreten zu können. Durch aktives Zuhören, gezielte Nachfragen und das Reframing von Themen kann der Mediator dazu beitragen, eine ausgewogene und faire Diskussion zu ermöglichen, die für den Erfolg des Mediationsprozesses entscheidend ist.

Emotionale Barrieren

Emotionale Spannungen stellen eine der häufigsten und herausforderndsten Hürden in der Mediation dar. Bei Konflikten sind die beteiligten Parteien oft von intensiven Emotionen wie Wut, Frustration, Angst oder Enttäuschung geprägt. Diese Emotionen können nicht nur die Wahrnehmung der Situation verzerren, sondern auch das rationale Denken und die Fähigkeit zur konstruktiven Kommunikation erheblich beeinträchtigen. Wenn die Emotionen hochkochen, neigen die Parteien dazu, defensiv zu reagieren oder sich in ihren Positionen zu verhärten, was die Suche nach Lösungen unnötig erschwert.

In solchen Situationen ist es für den Mediator von entscheidender Bedeutung, zunächst die emotionalen Barrieren abzubauen, bevor die Parteien effektiv miteinander arbeiten können. Dies erfordert ein sensibles und durchdachtes Vorgehen. Der Mediator muss ein tiefes Verständnis für die emotionalen Dynamiken entwickeln, die den Konflikt antreiben. Oft sind es nicht nur die äußeren Streitpunkte, die zu Spannungen führen, sondern auch persönliche Verletzungen, unverarbeitete Erfahrungen oder Ängste, die in die aktuelle Situation hineinspielen.

Um diese emotionalen Barrieren erfolgreich zu überwinden, kann der Mediator verschiedene Techniken einsetzen. Eine der wirkungsvollsten Methoden ist das aktive Zuhören. Dabei geht es nicht nur darum, die Worte der Parteien zu hören, sondern auch deren Emotionen und Bedürfnisse hinter den Worten zu erkennen. Der Mediator sollte in der Lage sein, durch gezielte Rückfragen und Zusammenfassungen zu zeigen, dass er die Perspektiven der Parteien versteht und respektiert.

Dies kann dazu beitragen, dass sich die Parteien gehört und wertgeschätzt fühlen, was wiederum ihre Bereitschaft erhöht, offen zu kommunizieren.

Empathie spielt ebenfalls eine zentrale Rolle im Mediationsprozess. Der Mediator sollte in der Lage sein, sich in die Lage der Parteien hineinzuversetzen und deren Gefühle nachzuvollziehen. Indem er die Emotionen der Parteien anerkennt und validiert, signalisiert er, dass es in Ordnung ist, verletzlich zu sein und über persönliche Empfindungen zu sprechen. Diese Validierung kann eine beruhigende Wirkung haben und dazu beitragen, Spannungen abzubauen. Wenn die Parteien sehen, dass ihre Emotionen ernst genommen werden, sind sie eher bereit, ihre Positionen zu überdenken und sich auf den Mediationsprozess einzulassen.

Die Schaffung einer Atmosphäre des Vertrauens ist für den Fortschritt des Mediationsprozesses von entscheidender Bedeutung. Ein Mediator, der empathisch und respektvoll mit den emotionalen Bedürfnissen der Parteien umgeht, kann eine sichere Umgebung schaffen, in der sich die Beteiligten öffnen können. In einer solchen Umgebung fühlen sich die Parteien ermutigt, ihre wahren Gefühle und Anliegen zu äußern, was es dem Mediator ermöglicht, die zugrunde liegenden Konfliktursachen besser zu verstehen und anzugehen.

Darüber hinaus kann der Mediator Techniken wie das „Wiederholen" oder „Reflektieren" einsetzen, um den Parteien zu helfen, ihre eigenen Gefühle klarer zu artikulieren. Wenn eine Partei beispielsweise ihre Frustration über eine bestimmte Situation äußert, könnte der Mediator diese Emotionen zurückspiegeln, indem er sagt: "Es klingt so, als ob Sie sich wirklich über die Situation ärgern. Können Sie mir mehr darüber erzählen?" Solche Fragen ermutigen die Parteien, tiefer in ihre Emotionen einzutauchen und die zugrunde liegenden Sorgen zu erkunden.

Ein weiterer wichtiger Aspekt ist die Förderung von Selbstreflexion. Der Mediator kann den Parteien helfen, ihre eigenen Emotionen und deren Einfluss auf das Konfliktverhalten zu erkennen. Dies kann durch gezielte Fragen geschehen, die die Parteien dazu anregen, über ihre Reaktionen und deren Ursachen nachzudenken. Indem sie sich ihrer eigenen emotionalen Auslöser bewusst werden, können die Parteien lernen, ihre Emotionen besser zu regulieren und konstruktiver miteinander umzugehen.

Zusammenfassend lässt sich sagen, dass emotionale Barrieren in der Mediation eine erhebliche Herausforderung darstellen, die jedoch mit den richtigen Techniken und einer einfühlsamen Herangehensweise überwunden werden kann. Der Mediator spielt eine entscheidende Rolle, indem er aktiv zuhört, Empathie zeigt und die Gefühle der Parteien validiert. Durch die Schaffung einer vertrauensvollen Atmosphäre und die Förderung offener Kommunikation kann der Mediator dazu beitragen, die emotionalen Spannungen abzubauen und einen konstruktiven Dialog zu ermöglichen. Dies ist unerlässlich, um die Parteien in die Lage zu versetzen, gemeinsam an Lösungen zu arbeiten und letztlich zu einem positiven Ergebnis zu gelangen.

Fehlende Verbindlichkeit

In vielen Fällen sind die Ergebnisse der Mediation nicht rechtlich bindend. Dies bedeutet, dass die während des Mediationsprozesses getroffenen Vereinbarungen nicht automatisch den Charakter eines rechtsverbindlichen Vertrages haben. In der Praxis kann dies zu Situationen führen, in denen eine oder mehrere Parteien in der Zukunft möglicherweise nicht bereit sind, sich an die vereinbarten Lösungen zu halten. Diese Unsicherheit über die Verbindlichkeit der Vereinbarungen kann das Vertrauen in den gesamten Mediationsprozess erheblich untergraben und die Bereitschaft der beteiligten Parteien, sich ernsthaft auf Lösungen zu einigen, beeinträchtigen.

Die Tatsache, dass die Ergebnisse nicht rechtlich bindend sind, kann dazu führen, dass eine Partei die Mediation als weniger ernsthaft oder verbindlich wahrnimmt. Dies könnte sich in einer geringeren

Motivation äußern, aktiv und konstruktiv an der Lösung des Konflikts zu arbeiten. Wenn eine Partei glaubt, dass sie sich nicht an die Vereinbarungen halten muss, könnte sie zögern, Kompromisse einzugehen oder die eigenen Positionen zu überdenken. In solchen Fällen ist es die Verantwortung des Mediators, die Parteien über die Natur der Vereinbarungen aufzuklären und die potenziellen Risiken und Vorteile zu erläutern.

Der Mediator sollte in solchen Fällen darauf hinweisen, welche Möglichkeiten bestehen, um die während der Mediation getroffenen Vereinbarungen verbindlicher zu gestalten. Eine häufige Methode besteht darin, die Vereinbarungen schriftlich festzuhalten. Durch eine schriftliche Dokumentation können die Parteien die getroffenen Entscheidungen klar nachvollziehen und sich später darauf beziehen. Eine solche schriftliche Vereinbarung kann auch als Grundlage für künftige Gespräche dienen und das Gefühl der Verbindlichkeit erhöhen. Auch die Einbeziehung rechtlicher Rahmenbedingungen kann die Verbindlichkeit der Vereinbarungen stärken. Beispielsweise könnten die Parteien darüber informiert werden, wie sie die Ergebnisse der Mediation in einen formellen Vertrag umwandeln können, der rechtlich durchsetzbar ist.

Zusätzlich zur Schaffung von Verbindlichkeit ist es für den Mediator wichtig, die Parteien über die Vorteile aufzuklären, die sich aus der Einhaltung der getroffenen Vereinbarungen ergeben. Diese Vorteile können vielfältig sein. Ein zentraler Aspekt ist das Vertrauen, das durch die Einhaltung von Vereinbarungen gestärkt wird. Wenn Parteien sehen, dass sich alle Beteiligten an die Beschlüsse halten, fördert dies ein Gefühl von Verantwortung und Verpflichtung, was wiederum die Bereitschaft erhöht, auch in Zukunft kooperativ zusammenzuarbeiten.

Darüber hinaus kann die Einhaltung von Vereinbarungen dazu beitragen, langfristige Beziehungen zwischen den Parteien zu festigen. In vielen Fällen sind konfliktreiche Situationen nicht isolierte Ereignisse, sondern Teil eines größeren Beziehungsgeflechts. Wenn die Parteien die Mediation erfolgreich abschließen und sich an die Vereinbarungen halten, kann dies zu einem harmonischeren Miteinander führen und zukünftige Konflikte minimieren.

Ein weiterer Vorteil der Einhaltung von Vereinbarungen ist die Möglichkeit, die eigene Reputation zu wahren. Parteien, die sich als verlässlich und vertrauenswürdig erweisen, können nicht nur ihre aktuelle Beziehung verbessern, sondern auch ihr Ansehen in einem größeren sozialen oder geschäftlichen Kontext stärken.

Schließlich sollte der Mediator auch die psychologischen Aspekte der Verbindlichkeit ansprechen. Das Gefühl, Verantwortung für die eigene Entscheidung zu übernehmen und sich an Vereinbarungen zu halten, kann zu einem gesteigerten Selbstbewusstsein und einer positiven Wahrnehmung der eigenen Handlungsfähigkeit führen. Dies kann die Parteien motivieren, Konflikte in der Zukunft proaktiv zu lösen, anstatt Konflikte zu vermeiden oder sie eskalieren zu lassen.

Zusammenfassend ist es für den Mediator von entscheidender Bedeutung, die Parteien über die potenziellen Unsicherheiten und Herausforderungen, die mit nicht rechtlich bindenden Vereinbarungen verbunden sind, aufzuklären. Gleichzeitig sollte er Möglichkeiten aufzeigen, wie die Vereinbarungen verbindlicher gestaltet werden können, und die Vorteile der Einhaltung der getroffenen Entscheidungen betonen. Durch diese proaktive Herangehensweise kann der Mediator das Vertrauen in den Prozess stärken und die Bereitschaft der Parteien fördern, sich ernsthaft auf Lösungen zu einigen, was letztlich zu einem erfolgreicheren Mediationsprozess führt.

Kulturelle Unterschiede

In multinationalen oder kulturell vielfältigen Kontexten spielen kulturelle Unterschiede eine entscheidende Rolle und können erhebliche Herausforderungen für die Mediation mit sich bringen. Diese Unterschiede manifestieren sich in einer Vielzahl von Aspekten, einschließlich Kommunikationsstilen, Werten, Normen, Verhaltensweisen und sogar in der Auffassung von Zeit und Raum. Solche kulturellen Nuancen können leicht zu Missverständnissen führen und die Zusammenarbeit zwischen den Parteien erheblich erschweren.

Ein Beispiel für unterschiedliche Kommunikationsstile ist der Unterschied zwischen direkt und indirekt kommunizierenden Kulturen. In einigen Kulturen wird Wert auf direkte, klare Aussagen gelegt, während in anderen ein subtilerer, indirekter Ansatz bevorzugt wird. Ein Mediator, der sich dieser Unterschiede nicht bewusst ist, könnte fälschlicherweise die direkte Kommunikation als aggressiv oder unhöflich interpretieren oder umgekehrt, die indirekte Kommunikation als unklar oder unehrlich ansehen. Solche Missverständnisse können nicht nur den Mediationsprozess stören, sondern auch zu weiteren Spannungen zwischen den Konfliktparteien führen.

Darüber hinaus variieren auch kulturelle Werte und Normen, was die Erwartungen an die Interaktion beeinflusst. In kollektivistisch geprägten Kulturen wird häufig Wert auf den Gruppenerfolg und die Harmonie gelegt, während individualistisch orientierte Kulturen persönliche Meinungen und den individuellen Ausdruck betonen. Ein Mediator muss diese Unterschiede erkennen und berücksichtigen, um sicherzustellen, dass alle Parteien sich in der Diskussion wohl und respektiert fühlen. Dies kann bedeuten, dass der Mediator sein Vorgehen anpassen muss, um den jeweiligen kulturellen Kontext zu berücksichtigen und eine Umgebung zu schaffen, die für alle Teilnehmenden förderlich ist.

Um den Herausforderungen kultureller Unterschiede zu begegnen, ist es für Mediatoren wichtig, sich kontinuierlich weiterzubilden und ein tiefes Verständnis für kulturelle Sensibilität zu entwickeln. Dies kann durch interkulturelle Trainings, Workshops oder persönliche Erfahrungen geschehen, die es ihnen ermöglichen, ein besseres Gespür für die kulturellen Dynamiken innerhalb der Konfliktparteien zu bekommen. Mediatoren sollten auch bereit sein, zusätzliche Zeit für die Klärung kultureller Missverständnisse einzuplanen. Oft sind diese Missverständnisse nicht sofort erkennbar und erfordern eine tiefere Auseinandersetzung, um sie zu identifizieren und aufzulösen.

Ein weiterer wichtiger Aspekt ist die Förderung einer offenen und respektvollen Kommunikation, die kulturelle Sensibilität integriert. Mediatoren sollten aktiv dazu anregen, dass die Parteien ihre kulturellen Hintergründe und Perspektiven teilen, um ein besseres Verständnis füreinander zu entwickeln. Dies kann durch gezielte Fragen geschehen, die es den Parteien ermöglichen, ihre Sichtweisen und kulturellen Einflüsse zu erläutern. Eine solche Herangehensweise fördert nicht nur das Verständnis, sondern auch das Vertrauen zwischen den Parteien, was für den Erfolg des Mediationsprozesses entscheidend ist.

Zusätzlich kann der Mediator verschiedene Techniken anwenden, um sicherzustellen, dass alle Parteien sich gehört und respektiert fühlen. Beispielsweise kann er die Verwendung von neutralen, kulturübergreifenden Begriffen fördern oder sicherstellen, dass alle Teilnehmer die Möglichkeit haben, ihre Ansichten in ihrer eigenen Sprache zu äußern, wenn dies möglich ist. Dies trägt dazu bei, eine inklusive Atmosphäre zu schaffen, in der sich jeder Teilnehmer sicher fühlt, seine Gedanken und Gefühle zu äußern.

Ein Mediator, der kulturelle Unterschiede erkennt und respektiert, hat die Möglichkeit, eine produktive und respektvolle Atmosphäre zu schaffen, die für den Mediationsprozess entscheidend ist. Durch die

Berücksichtigung kultureller Nuancen kann der Mediator dazu beitragen, die Verbindung zwischen den Parteien zu stärken und die Wahrscheinlichkeit einer erfolgreichen Konfliktlösung zu erhöhen. Langfristig fördert eine solche Herangehensweise nicht nur das Verständnis zwischen den beteiligten Kulturen, sondern trägt auch zur Schaffung eines harmonischeren und kooperativeren Miteinanders in einer zunehmend globalisierten Welt bei.

Komplexität der Konflikte

Die Komplexität von Konflikten stellt eine der größten Herausforderungen in der Mediation dar. Viele Konflikte sind nicht einfach, sondern bestehen aus einer Vielzahl von miteinander verflochtenen Themen, Interessen und Emotionen. Diese Komplexität kann aus unterschiedlichen Quellen resultieren, wie zum Beispiel unterschiedlichen Werten, kulturellen Hintergründen, persönlichen Erfahrungen oder sogar strukturellen Gegebenheiten innerhalb einer Organisation. In der Praxis bedeutet dies, dass Mediatoren oft nicht nur mit den oberflächlichen Streitpunkten konfrontiert sind, sondern auch mit tiefer liegenden, oft ungenannten Bedürfnissen und Sorgen der Parteien.

Ein häufiges Beispiel für komplexe Konflikte sind solche, die in Arbeitsumgebungen auftreten, wo beispielsweise persönliche Differenzen zwischen

Kollegen, unterschiedliche Arbeitsstile, unklare
Rollenverteilungen oder auch strukturelle
Veränderungen innerhalb der Organisation eine Rolle
spielen können. In solchen Fällen müssen Mediatoren
in der Lage sein, die verschiedenen Dimensionen des
Konflikts zu erkennen und zu verstehen, wie diese
miteinander interagieren. Dies erfordert eine
umfassende Analyse der Situation und ein geschicktes
Management der Diskussion, um sicherzustellen, dass
alle relevanten Themen in einem angemessenen
Rahmen erörtert werden.

Um die Mediationsarbeit in komplexen
Konfliktsituationen zu erleichtern, ist es oft
notwendig, die Mediationssitzungen zu strukturieren.
Eine klare Struktur hilft, den Überblick zu bewahren
und sorgt dafür, dass alle Parteien die Möglichkeit
haben, ihre Anliegen zu äußern. Dies kann durch die
Erstellung von Themenlisten geschehen, die den
Mediator und die Parteien dabei unterstützen, die
relevanten Punkte systematisch abzuarbeiten. Eine
solche Liste kann auch als visuelle Unterstützung
dienen, um sicherzustellen, dass nichts übersehen
wird.

Darüber hinaus können visuelle Hilfsmittel, wie
Diagramme oder Mindmaps, eingesetzt werden, um
die Interessen und Bedürfnisse der Parteien grafisch
darzustellen. Diese Techniken helfen nicht nur, die

Komplexität des Konflikts zu visualisieren, sondern fördern auch das Verständnis und die Kommunikation zwischen den Parteien. Wenn jeder sieht, wie ihre Anliegen miteinander verknüpft sind, kann dies helfen, Missverständnisse abzubauen und den Fokus auf gemeinsame Interessen zu lenken.

Ein weiterer wichtiger Aspekt ist die emotionale Komplexität, die oft mit Konflikten einhergeht. Emotionen können die Wahrnehmung und das Verhalten der Parteien stark beeinflussen und es erschweren, rationale Entscheidungen zu treffen. Mediatoren müssen daher auch in der Lage sein, die emotionalen Reaktionen der Parteien zu erkennen und angemessen darauf zu reagieren. Dies kann bedeuten, dass der Mediator eine Pause einlegt, um den Parteien Zeit zu geben, ihre Emotionen zu verarbeiten, oder dass er Techniken zur emotionalen Entlastung anwendet, um Spannungen abzubauen.

Schließlich ist es entscheidend, dass der Mediator die Parteien kontinuierlich ermutigt, offen zu kommunizieren und ihre Perspektiven zu teilen. In komplexen Konflikten kann es leicht passieren, dass sich eine Partei übergangen oder missverstanden fühlt, was zu weiterer Frustration führen kann. Der Mediator sollte daher aktiv darauf hinarbeiten, ein Gleichgewicht im Gespräch herzustellen und sicherzustellen, dass jede Partei die Gelegenheit hat, ihre Sichtweise darzustellen. Dies fördert nicht nur das gegenseitige Verständnis, sondern auch das Vertrauen, das für den Erfolg der Mediation unerlässlich ist.

Insgesamt erfordert die Arbeit in komplexen Konflikten von Mediatoren ein hohes Maß an Flexibilität, Empathie und Strategiefähigkeit. Sie müssen in der Lage sein, die verschiedenen Dimensionen des Konflikts zu navigieren und gleichzeitig eine respektvolle und produktive Atmosphäre zu schaffen. Durch den Einsatz strukturierter Ansätze und kreativer Techniken können Mediatoren dazu beitragen, die Herausforderungen komplexer Konflikte zu meistern und effektive Lösungen zu entwickeln, die den Bedürfnissen aller Beteiligten gerecht werden.

Fazit

Die Rolle des Mediators im konfrontativen Konfliktmanagement ist von zentraler Bedeutung, da Mediatoren als neutrale Dritte fungieren, die dazu beitragen, Spannungen abzubauen und konstruktive Lösungen zu finden. Sie sind nicht nur Vermittler, sondern auch Moderatoren, die den Dialog zwischen den Konfliktparteien steuern und sicherstellen, dass alle Stimmen Gehör finden. Diese Funktion ist besonders wichtig in Situationen, in denen die Emotionen hochkochen und die Parteien möglicherweise nicht in der Lage sind, rational zu kommunizieren. Mediatoren bringen eine wertvolle Außenperspektive ein und können die Diskussion auf eine produktive Ebene lenken.

Trotz der Herausforderungen, mit denen Mediatoren konfrontiert sind, wie Widerstand, Machtungleichgewichte oder emotionale Barrieren, verfügen sie über eine Vielzahl von Techniken und Strategien, die ihnen helfen, den Konfliktverlauf positiv zu beeinflussen. Dazu gehört beispielsweise das aktive Zuhören, bei dem der Mediator die Anliegen und Gefühle der Parteien ernst nimmt und sie ermutigt, ihre Perspektiven offen zu teilen. Durch das Schaffen eines sicheren und respektvollen Rahmens können Mediatoren Vertrauen aufbauen, was für den Erfolg des Mediationsprozesses unerlässlich ist.

Ein weiterer wichtiger Aspekt der Mediatorrolle ist die Fähigkeit, die spezifischen Grenzen der Mediation zu erkennen und proaktiv anzugehen. Ein effektiver Mediator analysiert die Dynamiken innerhalb des Konflikts und identifiziert potenzielle Hindernisse, die den Fortschritt behindern könnten. Indem sie diese Herausforderungen frühzeitig adressieren, können Mediatoren die Wahrscheinlichkeit erhöhen, dass die Parteien bereit sind, sich auf Lösungen einzulassen. Dies kann durch den Einsatz von Techniken wie der Visualisierung von Interessen, dem Reframing von

Problemen oder durch die Förderung von Empathie zwischen den Parteien geschehen.

Darüber hinaus tragen Mediatoren nicht nur zur Lösung aktueller Konflikte bei, sondern legen auch den Grundstein für zukünftige Zusammenarbeit. Indem sie den Parteien beibringen, wie sie konstruktiv kommunizieren und Konflikte selbstständig lösen können, fördern sie eine Kultur des respektvollen Dialogs innerhalb von Organisationen. Diese Kultur ist entscheidend, um zukünftige Spannungen zu minimieren und ein Umfeld zu schaffen, in dem Zusammenarbeit und Teamarbeit gedeihen können. Mediatoren unterstützen die Entwicklung von Fähigkeiten wie Konfliktlösungskompetenz und emotionaler Intelligenz bei den Beteiligten, was langfristig zu einer stabileren und produktiveren Arbeitsumgebung beiträgt.

Zusammenfassend lässt sich sagen, dass die Rolle des Mediators im konfrontativen Konfliktmanagement weit über die bloße Vermittlung von Lösungen hinausgeht. Mediatoren sind Schlüsselakteure, die durch ihre Techniken und Strategien nicht nur zur Lösung von Konflikten beitragen, sondern auch dazu, eine nachhaltige Kultur des respektvollen Dialogs und der Zusammenarbeit zu etablieren. Ihre Fähigkeit, Herausforderungen zu erkennen und proaktiv zu handeln, macht sie zu unverzichtbaren Partnern in

der Konfliktbewältigung und fördert eine positive und
produktive Dynamik in Organisationen.

Kapitel 7: Praktische Übungen und Tools

In diesem Kapitel werden verschiedene praktische Übungen und Tools vorgestellt, die darauf abzielen, die Fähigkeiten zur Konfliktbewältigung zu fördern und das Verständnis für die Dynamiken von Konflikten zu vertiefen. Diese Methoden sind sowohl für Einzelpersonen als auch für Gruppen geeignet und können in unterschiedlichen Kontexten, wie in der Ausbildung, im Beruf oder im privaten Umfeld, angewendet werden.

7.1 Übungen zur Selbstreflexion

Selbstreflexion ist ein entscheidender Bestandteil der Konfliktbewältigung. Sie ermöglicht es Individuen, ihre eigenen Gedanken, Gefühle und Verhaltensweisen zu verstehen und zu analysieren. Hier sind einige Übungen zur Selbstreflexion:

7.1.1 Konflikttagebuch

Ziel:

Die Übung des Konflikttagebuchs dient der Förderung der Selbstwahrnehmung und der Identifikation von Konfliktmustern. Durch das systematische Festhalten und Reflektieren von Konfliktsituationen können Sie Ihre Reaktionen besser verstehen und mögliche Veränderungen in Ihrem Verhalten erkennen.

Durchführung

1. Tagebuch führen:

- Zeitraum: Setzen Sie sich zum Ziel, über einen Zeitraum von mindestens drei bis vier Wochen ein Konflikttagebuch zu führen. Dies gibt Ihnen genügend Gelegenheit, verschiedene Konflikte oder Spannungen zu dokumentieren und Muster zu erkennen.

- Format: Sie können ein physisches Notizbuch verwenden oder eine digitale Plattform, wie ein Textverarbeitungsprogramm oder eine Notiz-App, wählen. Achten Sie darauf, dass das Format für Sie angenehm und einfach zu handhaben ist.

- Aufzeichnung: Notieren Sie täglich Konflikte oder Spannungen, die Sie erlebt haben. Achten Sie darauf, die folgenden Punkte systematisch zu dokumentieren:

  o Datum und Uhrzeit: Beginnen Sie jede Eintragung mit dem Datum und der Uhrzeit des Konflikts.

  o Situation: Beschreiben Sie die Situation, in der der Konflikt aufgetreten ist. Wer war beteiligt? Wo hat es stattgefunden? Was ist genau passiert? Versuchen Sie, so objektiv wie möglich zu sein.

- ○ Ihre Reaktion: Notieren Sie, wie Sie in der Situation reagiert haben. Welche Worte haben Sie gewählt? Welche Körpersprache haben Sie verwendet? Was waren Ihre Gedanken während des Konflikts?

- ○ Reaktion der anderen Partei: Halten Sie fest, wie die andere Person oder Personen auf Ihre Reaktion reagiert haben. Gab es eine Eskalation des Konflikts oder wurde er entschärft? Welche Emotionen waren bei der anderen Partei sichtbar?

Beispiel für eine Eintragung:

Datum: 10. Oktober 2023

Uhrzeit: 14:30

Situation: Teammeeting, in dem ich kritisiert wurde, weil ich meine Aufgabe nicht rechtzeitig erledigt hatte.

Meine Reaktion: Ich fühlte mich angegriffen und wurde defensiv. Ich entgegnete, dass ich andere Prioritäten hatte.

Reaktion der anderen Partei: Mein Teamleiter wurde frustriert und wies auf die Auswirkungen meiner Verzögerung hin.

2. Reflexion:

Nehmen Sie sich am Ende jeder Woche Zeit, um über Ihre Eintragungen nachzudenken und die gesammelten Daten zu reflektieren. Beantworten Sie die folgenden Fragen:

- Was waren die Hauptauslöser des Konflikts?

  - Überlegen Sie, ob es bestimmte Themen, Situationen oder Personen gibt, die immer wieder Konflikte hervorrufen. Dies könnte beispielsweise eine bestimmte Kommunikationsweise, unterschiedliche Arbeitsstile oder unklare Erwartungen sein.

- Welche Emotionen haben Sie dabei empfunden?

  - Identifizieren Sie die Emotionen, die Sie während der Konflikte erlebt haben. Fühlten Sie sich wütend, verletzt, frustriert, ängstlich oder vielleicht auch machtlos? Achten Sie darauf, wie Ihre Emotionen Ihre Reaktionen beeinflusst haben.

- Wie haben Sie reagiert, und wie hat dies die Situation beeinflusst?

- o Analysieren Sie Ihre Reaktionen. Waren Sie zum Beispiel ruhig und sachlich oder impulsiv und emotional? Denken Sie darüber nach, ob Ihre Reaktion den Konflikt verschärft oder entschärft hat. Welche Kommunikationsstrategien haben Sie angewendet, und waren diese effektiv?

- Gab es alternative Reaktionen, die möglicherweise zu einem besseren Ergebnis geführt hätten?

  - o Überlegen Sie, wie Sie in ähnlichen Situationen in Zukunft anders reagieren könnten. Hätten Sie aktiver zuhören, um Verständnis bitten oder Ihre Sichtweise anders formulieren können? Entwickeln Sie mögliche Alternativen und notieren Sie diese, um sie in zukünftigen Konflikten anzuwenden.

Abschluss der Übung

Nach dem festgelegten Zeitraum können Sie eine umfassende Analyse Ihrer Eintragungen vornehmen. Suchen Sie nach wiederkehrenden Mustern in Ihren Konflikten, Ihren Reaktionen und den Emotionen, die Sie erlebt haben. Diese Erkenntnisse können Ihnen helfen, Ihre Konfliktbewältigungsfähigkeiten zu verbessern und bewusstere, effektivere Reaktionen in zukünftigen Konfliktsituationen zu entwickeln. Halten Sie Ihre Erkenntnisse in einem separaten Dokument fest und setzen Sie sich konkrete Ziele, um Ihre Kommunikations- und Konfliktlösungsfähigkeiten zu stärken.

7.1.2 Die „Ich-Botschaft"-Übung

Ziel:

Die „Ich-Botschaft"-Übung zielt darauf ab, Ihre Kommunikationsfähigkeiten zu verbessern und defensive Reaktionen in Konfliktsituationen zu reduzieren. Durch die Verwendung von Ich-Botschaften können Sie Ihre Emotionen und Bedürfnisse klarer ausdrücken, ohne den anderen anzugreifen oder zu beschuldigen, wodurch eine offenere und konstruktivere Kommunikation gefördert wird.

Durchführung

1. Konfliktsituation auswählen:

- Reflexion: Denken Sie an eine spezifische Konfliktsituation, in der Sie sich missverstanden, verletzt oder frustriert gefühlt haben. Dies könnte eine Auseinandersetzung mit einem Kollegen, einem Familienmitglied oder einem Freund sein. Wählen Sie eine Situation aus, die Ihnen noch im Gedächtnis geblieben ist und in der eine klare Kommunikation wichtig gewesen wäre.

- Notizen machen: Schreiben Sie eine kurze Beschreibung der Situation auf, um sich an die Details zu erinnern. Notieren Sie, was genau passiert ist, wie Sie sich gefühlt haben und welche Reaktionen Sie und die andere Person gezeigt haben. Dies hilft Ihnen, den Kontext für Ihre Ich-Botschaft zu verstehen.

2. Ich-Botschaften formulieren:

- Struktur der Ich-Botschaft: Die Struktur der Ich-Botschaft lautet: „Ich fühle mich [Gefühl], wenn [Situation], weil [Grund]." Diese Struktur unterstützt Sie dabei, Ihre Emotionen und Gedanken klar und direkt zu kommunizieren, ohne die andere Person zu beschuldigen.

    o Gefühl: Überlegen Sie, welche Emotionen Sie in der Situation erlebt haben. Dies könnte Wut, Traurigkeit, Enttäuschung, Angst oder Frustration sein. Seien Sie ehrlich zu sich selbst und identifizieren Sie Ihr Gefühl präzise.

o Situation: Beschreiben Sie die spezifische Situation, die zu Ihrem Gefühl geführt hat. Achten Sie darauf, die Situation neutral zu formulieren, ohne Vorwürfe oder Verallgemeinerungen.

o Grund: Erläutern Sie, warum die Situation bei Ihnen diese Emotion hervorrief. Dies könnte auf persönliche Werte, Erwartungen oder Bedürfnisse zurückzuführen sein.

Beispiel einer Ich-Botschaft:

„Ich fühle mich enttäuscht, wenn du unsere Vereinbarung ignorierst, weil ich mir Mühe gegeben habe, alles rechtzeitig zu erledigen."

3. Üben der Ich-Botschaft:

- Laut aussprechen: Nehmen Sie sich Zeit, um Ihre formulierte Ich-Botschaft laut auszusprechen. Dies hilft Ihnen, sich mit Ihren Gefühlen auseinanderzusetzen und die Botschaft klar und selbstbewusst zu kommunizieren. Versuchen Sie, dabei einen ruhigen und respektvollen Ton zu wählen.

- Variationen ausprobieren: Üben Sie, die Ich-Botschaft in verschiedenen Varianten zu formulieren, um den besten Ausdruck für Ihre Emotionen und Bedürfnisse zu finden. Experimentieren Sie mit unterschiedlichen Gefühlen oder Situationen, um Ihre Flexibilität in der Kommunikation zu erhöhen.

- Feedback einholen: Wenn möglich, üben Sie die Ich-Botschaft mit einer vertrauenswürdigen Person, die bereit ist, Ihnen ehrliches Feedback zu geben. Dies könnte ein Freund, Kollege oder Familienmitglied sein. Lassen Sie diese Person Ihre Botschaft hören und bitten Sie um Rückmeldung, wie klar und respektvoll sie die Botschaft empfunden hat.

Abschluss der Übung

- Reflexion: Nach der Übung sollten Sie sich Zeit nehmen, um über Ihre Erfahrungen nachzudenken. Fragen Sie sich:

  o Wie hat es sich angefühlt, Ihre Emotionen in Ich-Botschaften auszudrücken?

  o Gab es Schwierigkeiten bei der Formulierung oder beim Aussprechen der Botschaften?

  o Glauben Sie, dass diese Art der Kommunikation in zukünftigen

Konfliktsituationen hilfreich sein könnte?

- Anwendung im Alltag: Versuchen Sie, das Gelernte in realen Konfliktsituationen anzuwenden. Wenn Sie das Gefühl haben, dass ein Konflikt entsteht, nutzen Sie die Technik der Ich-Botschaft, um Ihre Gefühle und Bedürfnisse klar zu kommunizieren. Dies kann dazu beitragen, Missverständnisse zu klären und eine offenere Kommunikation zu fördern.

Durch regelmäßige Praxis der Ich-Botschaften können Sie Ihre Fähigkeit zur Konfliktbewältigung stärken und Ihre zwischenmenschlichen Beziehungen verbessern. Die Übung hilft Ihnen, Ihre Emotionen besser zu verstehen und Ihre Kommunikationsfähigkeiten auf eine respektvolle und konstruktive Weise zu entwickeln.

7.1.3 Werte- und Interessenanalyse

Ziel: Die Werte- und Interessenanalyse dient der Identifikation Ihrer persönlichen Werte und Interessen, die in Konfliktsituationen eine zentrale Rolle spielen. Ein besseres Verständnis Ihrer eigenen Werte kann Ihnen helfen, Ihre Reaktionen in Konflikten zu reflektieren und konstruktive Lösungen zu finden.

Durchführung

1. Liste Ihrer wichtigsten Werte erstellen:

- Identifikation Ihrer Werte: Nehmen Sie sich Zeit, um über die Werte nachzudenken, die Ihnen im Leben wichtig sind. Dies können Überzeugungen, Prinzipien oder Qualitäten sein, die Ihr Verhalten und Ihre Entscheidungen leiten. Beispiele für Werte sind:

    o Respekt

    o Ehrlichkeit

    o Zusammenarbeit

    o Gerechtigkeit

    o Integrität

    o Verantwortung

- o Kreativität

- o Empathie

- o Freiheit

- o Sicherheit

- **Schriftliche Festhaltung:** Erstellen Sie eine schriftliche Liste von mindestens fünf bis zehn Werten, die für Sie persönlich bedeutsam sind. Versuchen Sie, Ihre Werte so präzise wie möglich zu formulieren. Wenn Sie Schwierigkeiten haben, Ihre Werte zu definieren, können Sie auch Fragen stellen wie:

  - o Was ist mir im Leben am wichtigsten?

  - o Welche Prinzipien möchte ich in meinen Beziehungen leben?

  - o Was macht mich glücklich oder erfüllt mich?

- **Priorisierung:** Überlegen Sie, welche dieser Werte für Sie am wichtigsten sind. Sie könnten Ihre Liste nach Priorität ordnen oder die drei bis fünf Werte auswählen, die für Sie die höchste Bedeutung haben. Dies hilft Ihnen, den Fokus auf die zentralen Werte zu legen, die in Konfliktsituationen besonders relevant sein könnten.

2. Reflexion über den Einfluss Ihrer Werte auf Konflikte:

- Analyse Ihrer Reaktionen in Konflikten: Denken Sie an vergangene Konfliktsituationen, in denen Sie beteiligt waren. Fragen Sie sich:

  - In welchen Konflikten haben meine Werte eine Rolle gespielt? Überlegen Sie, welche Werte möglicherweise verletzt oder bedroht wurden und wie dies Ihre Reaktionen beeinflusst hat. Zum Beispiel:

    - Wenn Respekt für Sie ein zentraler Wert ist, wie haben Sie reagiert, als Sie sich in einer Diskussion nicht respektiert gefühlt haben?

    - In Situationen, in denen Ehrlichkeit wichtig ist, haben Sie sich möglicherweise frustriert gefühlt, wenn Sie das Gefühl hatten, dass jemand nicht aufrichtig war.

- Reflexion über das Verhalten: Notieren Sie sich, wie Ihre Werte Ihre Emotionen,

Entscheidungen und Konfliktlösungsstrategien geprägt haben. Fragen Sie sich:

- o Welche Emotionen habe ich in diesen Konflikten erlebt? (z. B. Wut, Enttäuschung, Traurigkeit)

- o Welche Verhaltensweisen habe ich gezeigt? (z. B. Rückzug, Konfrontation, Kompromisse eingehen)

- Zukunftsorientierte Überlegungen: Überlegen Sie, wie Sie Ihre Werte in zukünftigen Konflikten besser einbringen können. Fragen Sie sich:

- o Wie kann ich meine Werte in zukünftigen Konflikten besser einbringen, um konstruktive Lösungen zu finden? Denken Sie darüber nach, wie Sie Ihre Werte aktiv in Ihre Kommunikationsstrategien einfließen lassen können. Erstellen Sie Strategien, um Ihre Werte im Konfliktmanagement zu berücksichtigen. Einige Ansätze könnten sein:

  - Respekt: Stellen Sie sicher, dass Sie respektvoll mit anderen kommunizieren, selbst wenn Sie anderer Meinung sind.

Versuchen Sie, den Standpunkt des anderen zu verstehen, bevor Sie Ihre eigene Sichtweise darlegen.

- Ehrlichkeit: Sprechen Sie offen und ehrlich über Ihre Gefühle und Bedürfnisse, ohne den anderen anzugreifen. Verwenden Sie Ich-Botschaften, um Ihre Position zu verdeutlichen.

- Zusammenarbeit: Suchen Sie aktiv nach Lösungen, die für alle Beteiligten von Vorteil sind, und fördern Sie eine kooperative Atmosphäre.

Abschluss der Übung

- Zusammenfassung der Erkenntnisse: Fassen Sie Ihre Erkenntnisse aus der Übung in einem kurzen Dokument zusammen. Halten Sie Ihre wichtigsten Werte, die identifizierten Konflikte und die Strategien, die Sie entwickeln möchten, schriftlich fest. Dies kann Ihnen helfen, Ihre Gedanken zu ordnen und einen klaren Handlungsplan zu erstellen.

- Regelmäßige Reflexion: Planen Sie regelmäßige Reflexionen über Ihre Werte und deren Einfluss auf Ihre Konflikte. Dies könnte monatlich oder vierteljährlich geschehen. Überprüfen Sie, ob Sie Ihre Werte in Konfliktsituationen weiterhin effektiv einbringen und ob sich Ihre Reaktionen im Laufe der Zeit verändert haben.

Durch die Werte- und Interessenanalyse können Sie ein tieferes Verständnis für sich selbst entwickeln und lernen, wie Sie Ihre Werte aktiv in Konflikten einbringen können, um zu einer respektvollen und konstruktiven Kommunikation beizutragen. Dies kann nicht nur Ihre Fähigkeit zur Konfliktbewältigung stärken, sondern auch Ihre zwischenmenschlichen Beziehungen bereichern.

7.2 Rollenspiele zur Verbesserung der Konfliktbewältigungsfähigkeiten

Rollenspiele sind eine effektive Methode, um Konfliktbewältigungsfähigkeiten in einer geschützten Umgebung zu trainieren. Sie ermöglichen es den Teilnehmern, verschiedene Perspektiven einzunehmen und alternative Verhaltensweisen auszuprobieren.

7.2.1 Konfliktszenarien erstellen

Ziel: Diese Übung zielt darauf ab, den Teilnehmern die Möglichkeit zu geben, Konfliktbewältigungsstrategien in einem sicheren und kontrollierten Umfeld anzuwenden. Durch Rollenspiele und Reflexion in Gruppen können die Teilnehmer ihre Fähigkeiten zur Konfliktlösung entwickeln und verbessern.

Durchführung

1. Entwicklung von Szenarien:

- **Identifikation typischer Konflikte:** Beginnen Sie damit, verschiedene Szenarien zu entwickeln, die häufige Konflikte im beruflichen oder privaten Umfeld widerspiegeln. Die Szenarien sollten realitätsnah und für die Teilnehmer relevant sein. Hier sind einige Beispiele:

- **Berufliche Konflikte:**

  - Ein Teammitglied, das ständig zu spät zu Meetings kommt, was die Produktivität des gesamten Teams beeinträchtigt.

  - Uneinigkeit über die Verantwortung für ein Projekt, bei dem die Teammitglieder unterschiedliche Vorstellungen vom Fortschritt und den Zielen haben.

  - Ein Kollege, der ständig negative Kommentare zu den Ideen anderer abgibt, was die Teamdynamik negativ beeinflusst.

- **Private Konflikte:**

  - Ein Streit zwischen Nachbarn über Lärm, z. B. das Spielen lauter Musik zu später Stunde.

  - Konflikte innerhalb der Familie über die Aufteilung von Hausarbeiten oder finanzielle Entscheidungen.

- Differenzen zwischen Freunden über die Planung eines gemeinsamen Urlaubs, wobei unterschiedliche Vorstellungen über das Reiseziel und das Budget bestehen.

- **Erstellung der Szenarien:** Schreiben Sie eine kurze Beschreibung jedes Szenarios, einschließlich der beteiligten Personen, des Konflikts und der Umstände. Dies sollte den Teilnehmern helfen, sich in die Situation hineinzuversetzen.

2. Bildung von Gruppen:

- **Gruppenbildung:** Teilen Sie die Teilnehmer in kleine Gruppen von 4 bis 6 Personen auf. Achten Sie darauf, dass jede Gruppe eine ausgewogene Mischung an Fähigkeiten und Erfahrungen hat, um verschiedene Perspektiven in die Rollenspiele einzubringen.

- **Zuordnung der Szenarien:** Weisen Sie jeder Gruppe ein Szenario zu. Stellen Sie sicher, dass alle Gruppen verschiedene Szenarien bearbeiten, um eine breite Palette an Konfliktthemen abzudecken. Geben Sie den Gruppen auch die Möglichkeit, Fragen zu ihrem Szenario zu stellen, um Unklarheiten auszuräumen.

3. Rollenspiel und Lösungsfindung:

- **Vorbereitung:** Geben Sie den Gruppen ausreichend Zeit (z. B. 15-20 Minuten), um sich auf das Rollenspiel vorzubereiten. Sie sollten die Rollen der beteiligten Parteien (z. B. Teammitglied, Nachbar, Kollege) innerhalb des Szenarios verteilen und besprechen, wie sie ihre Charaktere spielen möchten.

- **Durchführung des Rollenspiels:** Lassen Sie jede Gruppe ihr Szenario vorstellen und durchspielen. Achten Sie darauf, dass jede Gruppe die Möglichkeit hat, ihre Lösung zu präsentieren, und dass jeder Teilnehmer die Möglichkeit hat, seine Rolle auszufüllen. Es kann hilfreich sein, eine maximale Zeit für jedes Rollenspiel festzulegen (z. B. 5-10 Minuten).

- **Lösungsfindung:** Während des Rollenspiels sollten die Gruppen eine Lösung für den Konflikt entwickeln. Ermutigen Sie sie, verschiedene Konfliktbewältigungsstrategien anzuwenden, wie z. B. aktives Zuhören, Kompromissfindung, Perspektivwechsel und gewaltfreie Kommunikation.

4. Reflexion über die Erfahrungen:

- **Nach dem Rollenspiel:** Nachdem alle Gruppen ihre Szenarien gespielt haben, führen Sie eine gemeinsame Reflexion durch. Dies kann in Form einer offenen Diskussion oder in kleineren Gruppen erfolgen. Stellen Sie den Teilnehmern einige Leitfragen, um ihre Reflexion zu fördern:

  - **Was hat gut funktioniert?** Lassen Sie die Teilnehmer darüber nachdenken, welche Strategien sie erfolgreich angewendet haben und welche Lösungen sie entwickelt haben. Was hat dazu geführt, dass die Kommunikation positiv verlaufen ist?

  - **Was könnte verbessert werden?** Diskutieren Sie, welche Herausforderungen während des Rollenspiels aufgetreten sind. Gab es Missverständnisse oder Konflikte, die nicht gelöst werden konnten? Welche Strategien hätten effektiver sein können?

  - **Wie haben sich die Perspektiven der einzelnen Parteien angefühlt?** Ermuntern Sie die Teilnehmer, über ihre Emotionen und

Wahrnehmungen während des Rollenspiels zu reflektieren. Wie fühlte es sich an, in die Rolle des anderen zu schlüpfen? Haben sie neue Einsichten über den Konflikt oder die beteiligten Personen gewonnen?

- **Zusammenfassung der Erkenntnisse:** Lassen Sie die Teilnehmer ihre wichtigsten Erkenntnisse aus der Übung zusammenfassen. Dies könnte durch das Erstellen eines Plakats mit den erlernten Strategien oder durch das Teilen von persönlichen Aha-Momenten geschehen.

Abschluss der Übung

- **Feedbackrunde:** Zum Abschluss der Übung können die Teilnehmer Feedback über den gesamten Prozess geben. Was haben sie aus der Übung mitgenommen? Wie können sie das Gelernte in der Praxis anwenden, um zukünftige Konflikte besser zu bewältigen?

- **Nachhaltigkeit:** Ermutigen Sie die Teilnehmer, die erlernten Konfliktbewältigungsstrategien im Alltag zu üben und darüber nachzudenken, wie sie ihre Kommunikationsfähigkeiten weiterentwickeln können.

Durch diese praktische Anwendung von Konfliktbewältigungsstrategien werden die Teilnehmer nicht nur in ihrer Fähigkeit gestärkt, Konflikte zu erkennen und zu lösen, sondern auch in ihrem Verständnis für die Perspektiven anderer, was zu einer verbesserten Zusammenarbeit und Kommunikation führt.

7.2.2 Perspektivwechsel

Ziel: Die Übung zielt darauf ab, Empathie zu fördern und das Verständnis für die Sichtweise anderer zu vertiefen. Durch den Perspektivwechsel sollen die Teilnehmer lernen, Konflikte aus verschiedenen Blickwinkeln zu betrachten, was zu einem besseren Verständnis und einer effektiveren Konfliktlösung führt.

Durchführung

1. Auswahl des Konfliktszenarios:

- **Identifikation des Konflikts:** Beginnen Sie mit einer offenen Diskussion in der Gruppe, um ein aktuelles Konfliktszenario auszuwählen, das für die Teilnehmer relevant ist. Dies kann ein Konflikt aus dem beruflichen Umfeld (z.B. zwischen Teammitgliedern, Abteilungen oder Vorgesetzten) oder ein persönlicher Konflikt (z.B. zwischen Freunden oder Familienmitgliedern) sein. Ziel ist es, eine

Situation zu wählen, die die Teilnehmer emotional anspricht und in der sie sich in die Perspektiven anderer hineinversetzen können.

- **Klärung des Szenarios:** Stellen Sie sicher, dass alle Teilnehmer das gewählte Szenario gut verstehen. Erklären Sie die verschiedenen Parteien, die an dem Konflikt beteiligt sind, sowie die Hauptpunkte des Konflikts. Dies kann in Form einer kurzen Zusammenfassung oder einer gemeinsamen Diskussion erfolgen.

2. Perspektivwechsel:

- **Rollenzuweisung:** Teilen Sie die Teilnehmer in Gruppen von 3-6 Personen auf, abhängig von der Größe der gesamten Gruppe. Weisen Sie jeder Person eine Rolle zu, die sie im Konfliktszenario einnehmen soll. Wenn es beispielsweise um einen Konflikt zwischen zwei Teammitgliedern geht, könnte eine Person die Perspektive von Teammitglied A übernehmen, während eine andere Person die Perspektive von Teammitglied B einnimmt. Je nach Komplexität des Konflikts können auch dritte Parteien (z.B. Vorgesetzte oder andere Teamkollegen) in die Übung einbezogen werden.

- **Einfühlen in die Rolle:** Geben Sie den Teilnehmern einige Minuten Zeit, um sich in ihre Rollen hineinzuversetzen. Sie sollten überlegen, wie die Person, die sie darstellen, die Situation erlebt, welche Bedürfnisse und Interessen sie hat und welche Emotionen sie in dieser Situation empfinden könnte. Ermutigen Sie die Teilnehmer, darüber nachzudenken, welche Gedanken und Überzeugungen die jeweilige Person über den Konflikt hat.

- **Rollenspiel:** Lassen Sie die Teilnehmer das Szenario nun aus der Sicht der jeweiligen Personen spielen. Geben Sie ihnen 10-15 Minuten Zeit, um die Situation zu simulieren, wobei sie die Perspektive ihres Charakters authentisch darstellen. Stellen Sie sicher, dass jede Person die Möglichkeit hat, ihre Sichtweise zu äußern und zu vertreten. Es kann hilfreich sein, die Teilnehmer daran zu erinnern, dass sie in dieser Phase nicht diskutieren oder argumentieren, sondern lediglich die Perspektive ihrer Rolle einnehmen.

3. Diskussion der Erfahrungen und Erkenntnisse:

- **Reflexion über die Erfahrungen:** Nach dem Rollenspiel kommen alle Teilnehmer wieder zusammen, um ihre Erfahrungen zu teilen.

Leiten Sie die Diskussion mit gezielten Fragen, um die Reflexion zu fördern:

- **Was haben Sie über die Sichtweise der anderen gelernt?** Lassen Sie die Teilnehmer darüber nachdenken, was sie über die Motive, Bedürfnisse und Emotionen der anderen Parteien in dem Konflikt erfahren haben. Gab es Überraschungen oder neue Einsichten, die sie gewonnen haben?

- **Welche Emotionen wurden durch den Perspektivwechsel ausgelöst?** Bitten Sie die Teilnehmer, ihre emotionalen Reaktionen während des Rollenspiels zu teilen. Wie haben sie sich gefühlt, als sie die Perspektive der anderen übernommen haben? Gab es Empathie, Frustration, Mitgefühl oder andere Emotionen, die sie erlebt haben?

- **Gemeinsame Erkenntnisse:** Halten Sie die wichtigsten Erkenntnisse der Diskussion fest, entweder auf einem Flipchart oder in digitaler Form. Fragen Sie die Teilnehmer, wie sie die gewonnenen Erkenntnisse in zukünftige Konfliktsituationen anwenden können. Welche Strategien zur Verbesserung der

Kommunikation und zur Konfliktlösung könnten sie in Betracht ziehen?

- **Abschluss:** Beenden Sie die Übung mit einer kurzen Zusammenfassung der wichtigsten Punkte. Ermutigen Sie die Teilnehmer dazu, den Perspektivwechsel auch außerhalb der Übung zu praktizieren, indem sie versuchen, die Sichtweise anderer in realen Konfliktsituationen zu verstehen.

Fazit

Durch den Perspektivwechsel werden die Teilnehmer nicht nur in der Lage sein, Konflikte besser zu verstehen, sondern auch empathischer zu kommunizieren und Lösungen zu finden, die die Bedürfnisse aller Beteiligten berücksichtigen. Diese Übung fördert die Zusammenarbeit, das Verständnis und das Vertrauen innerhalb der Gruppe oder des Teams.

7.3 Tools und Ressourcen für Konfliktmanagement

Um die Konfliktbewältigungsfähigkeiten weiter zu unterstützen, sind verschiedene Tools und Ressourcen hilfreich. Diese können sowohl digital als auch in Form von Workshops und Literatur zur Verfügung stehen.

7.3.1 Digitale Tools

Im digitalen Zeitalter stehen uns zahlreiche Tools und Plattformen zur Verfügung, die die Konfliktbewältigung erleichtern und die Kommunikation innerhalb von Teams verbessern können. Hier sind einige wichtige Kategorien von digitalen Tools und deren spezifische Anwendungen:

1. Mediation-Plattformen

Beispiel: Mediate.com
Mediation-Plattformen sind speziell darauf ausgelegt, den Mediationprozess zu unterstützen und Ressourcen für Mediatoren und Parteien bereitzustellen. Mediate.com ist eine der führenden Plattformen, die eine Vielzahl von Funktionen bietet:

- **Ressourcen und Leitfäden:** Die Plattform enthält umfassende Artikel, Blogs und Leitfäden zu verschiedenen Aspekten der Mediation. Diese Ressourcen helfen den

Benutzern, die Grundlagen der Mediation zu verstehen und anzuwenden.

- **Fallstudien:** Mediate.com bietet Zugang zu realen Fallstudien, die die Anwendung von Mediation in unterschiedlichen Kontexten veranschaulichen. Diese Fallstudien können als wertvolle Lernressource dienen und den Benutzern helfen, effektive Strategien zur Konfliktlösung zu entwickeln.

- **Online-Mediationsdienste:** Über die Plattform können Parteien auch direkt auf Mediatoren zugreifen, die Online-Mediationen durchführen. Dies ermöglicht eine flexible und zeitnahe Lösung von Konflikten, unabhängig von geografischen Standort.

- **Netzwerk von Mediatoren:** Mediate.com bietet auch ein Netzwerk von qualifizierten Mediatoren, die in verschiedenen Bereichen tätig sind. Benutzer können nach Mediatoren suchen, die auf ihre spezifischen Bedürfnisse zugeschnitten sind, was die Auswahl des richtigen Mediators erleichtert.

2. Kommunikations-Apps

Beispiele: Slack und Microsoft Teams

Kommunikations-Apps sind entscheidend für die Förderung der Zusammenarbeit und der sofortigen

Kommunikation innerhalb eines Teams. Tools wie Slack und Microsoft Teams bieten eine Vielzahl von Funktionen, die es Teams ermöglichen, Konflikte effektiv zu besprechen und Missverständnisse auszuräumen:

- **Echtzeit-Kommunikation:** Beide Plattformen ermöglichen es Benutzern, in Echtzeit zu kommunizieren. Das direkte Messaging, die Möglichkeit, Kanäle für spezifische Themen zu erstellen, und die Integration von Videoanrufen erleichtern die sofortige Klärung von Fragen und Problemen.

- **Dokumentation von Gesprächen:** In diesen Tools werden alle Nachrichten und Diskussionen gespeichert, sodass Teammitglieder jederzeit auf frühere Konversationen zurückgreifen können. Dies hilft, Missverständnisse zu vermeiden und fördert eine transparente Kommunikation.

- **Integration von Drittanwendungen:** Slack und Microsoft Teams lassen sich in eine Vielzahl von anderen Anwendungen integrieren, z. B. Kalender, Aufgabenmanagement-Tools und Projektmanagementsoftware. Dies ermöglicht es Teams, alle relevanten Informationen an einem Ort zu bündeln und die Zusammenarbeit zu optimieren.

- **Reaktionsmöglichkeiten:** Die Möglichkeit, auf Nachrichten direkt zu reagieren (z. B. durch Emojis oder direkte Antworten), fördert eine positive Teamdynamik und ermöglicht es den Benutzern, schnell auf Konflikte oder Bedenken zu reagieren.

3. Feedback-Tools

Beispiele: SurveyMonkey und Google Forms

Feedback-Tools sind entscheidend, um anonyme Rückmeldungen von Teammitgliedern zu sammeln und die Teamdynamik zu verstehen. Anwendungen wie SurveyMonkey und Google Forms bieten die Möglichkeit, Umfragen zu erstellen, die helfen, Konflikte zu identifizieren und zu analysieren:

- **Anonyme Umfragen:** Diese Tools ermöglichen es, anonyme Umfragen zu erstellen, die den Teammitgliedern die Freiheit geben, offen über ihre Erfahrungen, Bedenken und Vorschläge zu sprechen. Anonymität kann dazu beitragen, ehrliches und konstruktives Feedback zu erhalten, was in einem direkten Gespräch möglicherweise nicht möglich wäre.

- **Maßgeschneiderte Fragen:** Die Plattformen bieten eine Vielzahl von Frageformaten, einschließlich Multiple-Choice, offenen Fragen und Skalenbewertungen. Dadurch können

Umfragen spezifisch auf die Themen zugeschnitten werden, die für das Team oder den Konflikt relevant sind.

- **Echtzeit-Analyse:** Sowohl SurveyMonkey als auch Google Forms bieten Funktionen zur Analyse der Umfrageergebnisse in Echtzeit. Teams können die Daten schnell auswerten und Muster oder Trends erkennen, die auf zugrunde liegende Probleme oder Konflikte hinweisen.

- **Follow-up-Möglichkeiten:** Nach der Analyse der Ergebnisse können Teams gezielte Maßnahmen ergreifen, um identifizierte Probleme anzugehen. Die Ergebnisse der Umfragen können als Grundlage für Diskussionen oder Workshops zur Konfliktlösung verwendet werden.

Fazit

Die Nutzung digitaler Tools zur Konfliktbewältigung kann die Kommunikation und Zusammenarbeit in Teams erheblich verbessern. Mediation-Plattformen, Kommunikations-Apps und Feedback-Tools bieten praktische Ressourcen und Möglichkeiten, um Konflikte zu identifizieren, zu analysieren und effektiv zu lösen. Indem Teams diese Technologien integrieren, können sie eine offene und unterstützende

Kultur fördern, die auf Verständnis und Empathie basiert.

7.3.2 Literatur und Weiterbildung

Um Konflikte effektiv zu managen und zu lösen, ist es entscheidend, sich sowohl theoretisches Wissen als auch praktische Fähigkeiten anzueignen. Literatur und Weiterbildung spielen dabei eine zentrale Rolle. Im Folgenden werden einige empfohlene Ressourcen und Möglichkeiten zur persönlichen und beruflichen Weiterentwicklung im Bereich Konfliktmanagement näher erläutert.

1. Bücher

Bücher sind eine unverzichtbare Quelle für tiefgehendes Wissen und bewährte Techniken im Konfliktmanagement. Hier sind einige empfehlenswerte Werke, die wertvolle Einblicke und Strategien bieten:

- **„Die Kunst der Mediation" von Christopher Moore**
  Dieses Buch gilt als eines der Standardwerke im Bereich der Mediation. Moore beschreibt umfassend die Prinzipien und Techniken, die Mediatoren anwenden, um Konflikte zu lösen. Das Buch behandelt verschiedene Mediationstechniken, von der Vorbereitung auf die Mediation bis hin zur Durchführung und

Nachbereitung. Es bietet sowohl theoretische Grundlagen als auch praktische Beispiele aus der Praxis, die es Lesern ermöglichen, Mediation in verschiedenen Kontexten anzuwenden. Besonders hervorzuheben ist der interaktive Ansatz, der Leser dazu anregt, eigene Erfahrungen und Herausforderungen in die Lektüre einzubeziehen.

- **„Crucial Conversations: Tools for Talking When Stakes Are High" von Kerry Patterson et al.**
  Dieses Buch bietet einen praktischen Leitfaden für schwierige Gespräche, die in stressigen oder emotional aufgeladenen Situationen geführt werden müssen. Die Autoren präsentieren Techniken, um Gespräche zu führen, die sowohl effektiv als auch respektvoll sind. Die Konzepte, die in diesem Buch vorgestellt werden, helfen den Lesern, ihre Kommunikationsfähigkeiten zu verbessern und Konflikte konstruktiv zu lösen. Die praxisnahen Übungen und Fallbeispiele ermöglichen es den Lesern, die beschriebenen Techniken direkt in ihrem Alltag anzuwenden.

- **„Nonviolent Communication: A Language of Life" von Marshall B. Rosenberg**
  Rosenbergs Buch beschreibt die Prinzipien der

gewaltfreien Kommunikation (GFK) und wie man diese im Umgang mit Konflikten anwenden kann. Die GFK fördert Empathie und Verständnis zwischen den Gesprächspartnern und hilft, die eigene Kommunikationsweise zu transformieren. Dies ist besonders nützlich in Konfliktsituationen, in denen Emotionen hochkochen und Missverständnisse häufig sind.

Durch das Studium dieser und ähnlicher Werke können Leser nicht nur ihre Kenntnisse im Konfliktmanagement vertiefen, sondern auch wertvolle Techniken erlernen, um in schwierigen Situationen besser zu kommunizieren und zu vermitteln.

2. Workshops und Seminare

Neben der Lektüre von Fachliteratur sind Workshops und Seminare eine hervorragende Möglichkeit, praktische Erfahrungen zu sammeln und neue Perspektiven zu gewinnen. Hier sind einige Aspekte, die die Teilnahme an solchen Veranstaltungen besonders wertvoll machen:

- **Interaktive Lernumgebungen:** Workshops bieten oft eine interaktive Plattform, in der Teilnehmer aktiv an Rollenspielen, Gruppenübungen und Diskussionen teilnehmen können. Diese praktischen Aktivitäten ermöglichen es den Teilnehmern, die erlernten Techniken in einer sicheren Umgebung auszuprobieren und direktes Feedback von Trainern und anderen Teilnehmern zu erhalten.

- **Vielfältige Themen:** Viele Workshops konzentrieren sich nicht nur auf Konfliktmanagement, sondern decken auch verwandte Themen wie Kommunikation, Verhandlung und Teamdynamik ab. Dies ermöglicht den Teilnehmern, ein umfassenderes Verständnis für die verschiedenen Aspekte der Konfliktbewältigung zu entwickeln und ihre Fähigkeiten in mehreren Bereichen zu erweitern.

- **Erfahrene Trainer:** Die meisten Workshops werden von Fachleuten mit umfangreicher Erfahrung im Bereich Konfliktmanagement und Mediation geleitet. Diese Experten teilen ihre Kenntnisse und bieten Einblicke aus der Praxis, die oft über das hinausgehen, was in Büchern vermittelt wird. Teilnehmer können von den Erfahrungen der Trainer lernen und gleichzeitig Networking-Möglichkeiten nutzen.

- **Networking und Erfahrungsaustausch:** Workshops bringen Menschen aus verschiedenen Hintergründen und Branchen zusammen, was den Austausch von Ideen und Erfahrungen fördert. Teilnehmer können von den Herausforderungen und Lösungen anderer lernen und wertvolle Kontakte knüpfen, die in der Zukunft hilfreich sein können.

- **Zertifikate und Weiterbildung:** Viele Workshops bieten Zertifikate an, die eine formale Anerkennung der erlernten Fähigkeiten darstellen. Dies kann besonders wertvoll sein für Fachleute, die ihre Qualifikationen im Bereich Konfliktmanagement erweitern und in ihrem beruflichen Umfeld anwenden möchten.

Fazit

Literatur und Weiterbildung sind entscheidende Elemente, um die Fähigkeiten im Konfliktmanagement zu erweitern. Durch das Lesen von Fachbüchern und die Teilnahme an Workshops können Einzelpersonen nicht nur ihr Wissen vertiefen, sondern auch praktische Erfahrungen sammeln, die ihnen helfen, Konflikte konstruktiv zu lösen. In einer zunehmend komplexen und dynamischen Arbeitswelt sind solche Fähigkeiten von größter Bedeutung, um ein effektives und harmonisches Miteinander zu fördern.

7.3.3 Professionelle Unterstützung

In vielen Fällen können Konflikte, insbesondere wenn sie komplexer Natur sind oder tiefere emotionale und strukturelle Wurzeln haben, eine professionelle Unterstützung erfordern. Die Inanspruchnahme externer Fachkräfte wie Mediatoren oder Konfliktcoaches kann entscheidend dazu beitragen, einen konstruktiven Lösungsprozess zu fördern. Im Folgenden werden die Rolle und die Vorteile professioneller Unterstützung in Konfliktsituationen näher erläutert.

1. Die Rolle von Mediatoren

Mediatoren sind geschulte Fachleute, die darauf spezialisiert sind, Konfliktparteien bei der Kommunikation und der Lösung ihrer Differenzen zu helfen. Ihre Hauptaufgabe besteht darin, als neutrale Drittpartei zu agieren, die den Dialog zwischen den Konfliktparteien erleichtert. Hier sind einige spezifische Aspekte, die die Rolle von Mediatoren verdeutlichen:

- **Neutralität und Unparteilichkeit:** Mediatoren arbeiten ohne Vorurteile und sind nicht an den spezifischen Interessen oder Positionen einer der Parteien gebunden. Diese Unabhängigkeit schafft ein vertrauensvolles Umfeld, in dem beide Seiten offen über ihre Anliegen sprechen können.

- **Strukturierung des Gesprächs:** Mediatoren helfen, den Dialog zu strukturieren, indem sie klare Regeln für die Kommunikation aufstellen. Sie sorgen dafür, dass jede Partei die Möglichkeit hat, ihre Sichtweise darzulegen, und fördern aktives Zuhören, um Missverständnisse zu vermeiden.

- **Identifikation von Interessen:** Oft sind die Positionen der Konfliktparteien verhärtet, was eine Lösung erschwert. Mediatoren unterstützen die Parteien dabei, ihre zugrunde liegenden Interessen und Bedürfnisse zu identifizieren, was den Weg für kreative Lösungen ebnen kann.

- **Förderung von Lösungen:** Anstatt Lösungen vorzuschlagen, helfen Mediatoren den Parteien, selbst Lösungen zu entwickeln. Sie ermutigen zur Zusammenarbeit und zur Erarbeitung von Kompromissen, die für alle Beteiligten akzeptabel sind.

- **Vertraulichkeit:** Die Mediation ist in der Regel ein vertraulicher Prozess. Dies bedeutet, dass das, was während der Sitzungen besprochen wird, nicht außerhalb des Raumes weitergegeben wird. Diese Vertraulichkeit kann dazu beitragen, dass die Parteien offener und ehrlicher kommunizieren.

2. Die Rolle von Konfliktcoaches

Konfliktcoaches sind ebenfalls Fachleute, die Einzelpersonen oder Gruppen helfen, ihre Konfliktbewältigungsfähigkeiten zu verbessern. Sie konzentrieren sich häufig auf die Entwicklung von persönlichen Kompetenzen und Strategien, um Konflikte effektiver zu managen. Die Rolle des Konfliktcoaches umfasst folgende Aspekte:

- **Individuelle Unterstützung:** Konfliktcoaches arbeiten oft mit Einzelpersonen, um deren spezifische Probleme und Herausforderungen zu analysieren. Sie helfen den Klienten, ihre eigenen Verhaltensmuster zu erkennen und gegebenenfalls zu verändern, um Konflikte effektiver zu bewältigen.

- **Entwicklung von Fähigkeiten:** Ein Konfliktcoach vermittelt Techniken zur Verbesserung der Kommunikationsfähigkeiten, zum aktiven Zuhören und zur Empathie. Diese Fähigkeiten sind entscheidend für die konstruktive Auseinandersetzung mit Konflikten und helfen den Klienten, auch in schwierigen Situationen gelassen und respektvoll zu bleiben.

- **Strategien zur Konfliktbewältigung:** Konfliktcoaches arbeiten mit ihren Klienten an der Entwicklung von maßgeschneiderten Strategien zur Konfliktbewältigung. Diese Strategien können die Identifizierung von Lösungen, die Planung von Gesprächen oder die Entwicklung von Verhandlungstaktiken umfassen.

- **Reflexion und Feedback:** Durch gezielte Reflexion und konstruktives Feedback unterstützen Konfliktcoaches ihre Klienten dabei, aus Erfahrungen zu lernen und ihre Herangehensweise an zukünftige Konflikte zu verbessern.

3. Vorteile professioneller Unterstützung

Die Inanspruchnahme professioneller Unterstützung bringt mehrere Vorteile mit sich, die in komplexen Konfliktsituationen von entscheidender Bedeutung sein können:

- **Expertise und Erfahrung:** Mediatoren und Konfliktcoaches verfügen über umfangreiche Fachkenntnisse und praktische Erfahrungen in der Konfliktlösung. Sie kennen die Dynamiken von Konflikten und können bewährte

Methoden anwenden, um den Prozess zu steuern.

- **Emotionale Entlastung:** Konflikte können emotional belastend sein. Die Unterstützung durch einen Fachmann kann dazu beitragen, Stress abzubauen und eine objektive Perspektive auf die Situation zu gewinnen.

- **Langfristige Lösungen:** Professionelle Unterstützung fördert nicht nur die kurzfristige Lösung von Konflikten, sondern zielt auch darauf ab, nachhaltige Lösungen zu entwickeln. Dies bedeutet, dass die Parteien lernen, wie sie zukünftige Konflikte selbstbewusst und konstruktiv angehen können.

- **Strukturierter Prozess:** Ein professioneller Mediator oder Coach sorgt für einen strukturierten und geordneten Prozess, der den Parteien hilft, sich auf die wesentlichen Themen zu konzentrieren und den Dialog effektiv zu gestalten.

Fazit

In komplexen Konfliktsituationen ist die Unterstützung durch professionelle Mediatoren oder Konfliktcoaches oft unverzichtbar. Diese Fachleute bringen nicht nur Erfahrung und Fachwissen in die

Konfliktlösung ein, sondern schaffen auch ein sicheres und unterstützendes Umfeld, in dem die Beteiligten lernen können, ihre Konflikte konstruktiv zu bewältigen. Die Investition in professionelle Unterstützung kann entscheidend dazu beitragen, nicht nur akute Konflikte zu lösen, sondern auch langfristige, tragfähige Lösungen zu entwickeln, die das Miteinander fördern und die Zusammenarbeit stärken.

Zusammenfassung

In diesem Kapitel wurden eine Vielzahl von Übungen und Tools vorgestellt, die speziell entwickelt wurden, um sowohl Einzelpersonen als auch Gruppen in ihrer Fähigkeit zur Konfliktbewältigung zu unterstützen und zu fördern. Die behandelten Methoden zielen darauf ab, ein tieferes Verständnis für die verschiedenen Dynamiken von Konflikten zu entwickeln und effektive Strategien zur Lösung dieser Konflikte zu erlernen.

Ein zentraler Aspekt dieser Übungen ist die **Selbstreflexion**. Durch gezielte Fragen und Reflexionsübungen haben die Teilnehmer die Möglichkeit, ihre eigenen Verhaltensmuster und Reaktionen in Konfliktsituationen zu analysieren. Diese Selbstbeobachtung ist entscheidend, um nicht nur die eigenen Stärken zu erkennen, sondern auch Schwächen und Entwicklungspotenziale zu identifizieren. Indem die Teilnehmer lernen, ihre Emotionen und Reaktionen zu verstehen, können sie wirksamere Strategien entwickeln, um in zukünftigen Konflikten proaktiv zu handeln.

Rollenspiele stellen eine weitere effektive Methode dar, die in diesem Kapitel behandelt wurde. Durch das Nachspielen spezifischer Konfliktsituationen in einem geschützten Rahmen können die Teilnehmer unterschiedliche Perspektiven einnehmen und sich in die Lage anderer versetzen. Diese Methode fördert Empathie und Verständnis, da die Teilnehmer erleben, wie ihre Handlungen und Worte von anderen wahrgenommen werden. Rollenspiele ermöglichen es, verschiedene Lösungsansätze auszuprobieren und zu beobachten, welche Reaktionen diese hervorrufen. Dadurch wird nicht nur die Kommunikationsfähigkeit gefördert, sondern auch das Bewusstsein für nonverbale Signale und deren Einfluss auf den Verlauf eines Gesprächs geschärft.

Zusätzlich wurden **digitale und gedruckte Ressourcen** vorgestellt, die den Teilnehmern helfen, ihre neu erlernten Fähigkeiten weiter zu vertiefen und im Alltag anzuwenden. Diese Materialien können von Leitfäden und Handbüchern bis hin zu interaktiven Online-Plattformen reichen, die Übungen und Anleitungen zur Konfliktlösung bieten. Der Einsatz solcher Ressourcen ermöglicht es den Teilnehmern, sich auch außerhalb von Workshops oder Trainings weiter mit dem Thema auseinanderzusetzen und ihr Wissen zu festigen.

Die kontinuierliche Anwendung dieser Methoden ist von zentraler Bedeutung. Die regelmäßige Praxis der erlernten Techniken stärkt nicht nur die Fähigkeit, aktuelle Konflikte besser zu bewältigen, sondern trägt auch zur langfristigen Entwicklung der Kommunikations- und Verhandlungsfähigkeiten bei. Die Teilnehmer gewinnen mehr Sicherheit im Umgang mit Konflikten und lernen, diese nicht als Bedrohung, sondern als Chance zur Weiterentwicklung zu betrachten. Durch die Entwicklung eines konstruktiven Mindsets, das Konflikte als natürliche Bestandteile zwischenmenschlicher Beziehungen sieht, sind sie besser gerüstet, um in der Zukunft effektiv zu kommunizieren, Missverständnisse zu klären und Lösungen zu finden.

Zusammenfassend lässt sich sagen, dass die in diesem Kapitel vorgestellten Übungen und Tools nicht nur kurzfristige Erfolge in der Konfliktbewältigung ermöglichen, sondern auch dazu beitragen, eine nachhaltige Veränderung in der Art und Weise herbeizuführen, wie Einzelpersonen und Gruppen Konflikte wahrnehmen und angehen. Die Stärkung der Konfliktfähigkeit ist somit ein wertvoller Schritt auf dem Weg zu harmonischeren und produktiveren zwischenmenschlichen Beziehungen.

Kapitel 8: Fazit und Ausblick

Zusammenfassung der wichtigsten Erkenntnisse

Im vorliegenden Buch wurde die komplexe Natur von Konflikten und die Bedeutung eines effektiven Konfliktmanagements ausführlich erörtert. Besonders betont wurde der konfrontative Ansatz, der es den Konfliktparteien ermöglicht, Differenzen offen und direkt zu besprechen, um konstruktive Lösungen zu finden. Die Grundlagen des Konfliktmanagements wurden behandelt, darunter die Definition von Konflikten, theoretische Ansätze wie das Thomas-Kilmann-Modell und das Harvard-Konzept, sowie die verschiedenen Arten von Konflikten, die in persönlichen und beruflichen Kontexten auftreten können.

Ein zentrales Anliegen war die Rolle der Kommunikation in Konfliktsituationen. Techniken wie aktives Zuhören, Ich-Botschaften und gezielte Fragestellungen wurden als essenziell für die Förderung eines respektvollen Dialogs hervorgehoben. Darüber hinaus wurde die Bedeutung der emotionalen Intelligenz und der Fähigkeit zur Selbstreflexion betont, um eigene Reaktionen auf Konflikte besser zu verstehen und zu steuern. Die Rolle des Mediators wurde als entscheidend für den Erfolg des Konfliktmanagements dargestellt, wobei die

Schaffung eines vertrauensvollen Rahmens und die Förderung eines offenen Dialogs zentrale Aufgaben waren.

Die Fallstudien verdeutlichten, wie erfolgreich Konflikte durch offene Kommunikation, Mediation und Teamarbeit gelöst werden können, während gescheiterte Konfliktlösungen wichtige Lehren für zukünftige Ansätze bieten. Die Erkenntnisse aus den Szenarien und Übungen zeigen, dass eine proaktive und empathische Herangehensweise an Konflikte nicht nur deren Lösung begünstigt, sondern auch das Vertrauen und die Zusammenarbeit innerhalb von Teams fördert.

Zukünftige Trends im Konfliktmanagement

In einer zunehmend globalisierten und digitalen Welt werden sich die Ansätze und Methoden des Konfliktmanagements weiterentwickeln. Zukünftige Trends könnten Folgendes umfassen:

1. **Technologiegestütztes Konfliktmanagement**: Die Integration von digitalen Tools und Plattformen wird zunehmen, um Konfliktlösungsprozesse zu unterstützen. Online-Mediationen und virtuelle Kommunikationsplattformen ermöglichen es, auch über geografische Grenzen hinweg

effektiv zu kommunizieren und Konflikte zu bearbeiten.

2. **Interkulturelle Sensibilität**: Angesichts der wachsenden Diversität in der Belegschaft wird die Fähigkeit, kulturelle Unterschiede zu erkennen und zu respektieren, zunehmend wichtiger. Schulungen zur interkulturellen Kompetenz werden an Bedeutung gewinnen, um Missverständnisse und Spannungen zu minimieren.

3. **Fokus auf emotionale Intelligenz**: Die Entwicklung emotionaler Intelligenz wird weiterhin eine zentrale Rolle im Konfliktmanagement spielen. Unternehmen werden verstärkt in Schulungen investieren, um die Fähigkeit ihrer Mitarbeiter zu fördern, Emotionen zu erkennen, zu verstehen und zu steuern.

4. **Agile Konfliktlösungsstrategien**: In dynamischen Arbeitsumgebungen ist Flexibilität gefragt. Agile Methoden, die schnelle Anpassungen und iterative Problemlösungen ermöglichen, werden auch im Konfliktmanagement zunehmend Anwendung finden.

5. **Präventive Ansätze**: Der Trend wird sich hin zu proaktiven Konfliktmanagementstrategien bewegen, die darauf abzielen, Konflikte bereits im Vorfeld zu identifizieren und zu entschärfen. Regelmäßige Feedbackgespräche und Team-Building-Maßnahmen werden als wichtige Instrumente zur Vermeidung von Konflikten angesehen.

Empfehlungen für die persönliche und berufliche Entwicklung im Bereich Konfliktmanagement

Um die erlernten Konzepte und Techniken im Konfliktmanagement erfolgreich anzuwenden und weiterzuentwickeln, können folgende Empfehlungen gegeben werden:

1. **Fortlaufende Weiterbildung**: Nehmen Sie an Workshops, Seminaren und Schulungen teil, um Ihre Fähigkeiten im Konfliktmanagement und in der Kommunikation kontinuierlich zu verbessern. Die Erweiterung Ihres Wissens wird Ihnen helfen, Konflikte effektiver zu bewältigen.

2. **Praktische Anwendung**: Setzen Sie die erlernten Techniken im Alltag um. Üben Sie aktives Zuhören, verwenden Sie Ich-Botschaften in Konfliktsituationen und

reflektieren Sie regelmäßig über Ihre eigenen Reaktionen und Verhaltensweisen.

3. **Feedback einholen**: Suchen Sie aktiv nach Rückmeldungen zu Ihrem Konfliktmanagementstil. Dies kann durch informelle Gespräche mit Kollegen oder durch strukturierte Feedbackgespräche erfolgen. Nutzen Sie das Feedback, um Ihre Ansätze zu überdenken und anzupassen.

4. **Mentoring und Coaching**: Suchen Sie sich Mentoren oder Coaches, die Ihnen helfen können, Ihre Konfliktbewältigungsfähigkeiten weiterzuentwickeln. Der Austausch mit erfahrenen Fachleuten kann wertvolle Einsichten bieten und Ihre persönliche Entwicklung fördern.

5. **Achtsamkeit und Selbstreflexion**: Praktizieren Sie Achtsamkeit und Selbstreflexion, um Ihre eigenen Emotionen und Reaktionen besser zu verstehen. Dies kann Ihnen helfen, in Konfliktsituationen ruhiger und bewusster zu agieren.

6. **Netzwerke aufbauen**: Knüpfen Sie Kontakte zu Fachleuten im Bereich Konfliktmanagement. Der Austausch von Erfahrungen und Best

Practices kann Ihnen neue Perspektiven eröffnen und Ihre Fähigkeiten erweitern.

Insgesamt zeigt dieses Buch, dass Konflikte ein unvermeidlicher Bestandteil menschlicher Interaktionen sind. Durch effektives Konfliktmanagement können sie jedoch nicht nur gelöst, sondern auch als Chancen für Wachstum und Verbesserung genutzt werden. Indem Sie die erlernten Techniken und Strategien anwenden und sich kontinuierlich weiterentwickeln, können Sie zu einem effektiven Konfliktmanager werden, der nicht nur persönliche, sondern auch berufliche Beziehungen stärkt.

Anhang

Glossar wichtiger Begriffe

1. **Konflikt**: Eine Situation, in der mindestens zwei Parteien miteinander in Widerspruch stehen, weil ihre Ziele oder Bedürfnisse unvereinbar sind.

2. **Konfliktmanagement**: Ein systematischer Prozess zur Identifikation, Analyse und Lösung von Konflikten.

3. **Mediation**: Ein Verfahren, bei dem ein neutraler Dritter (Mediator) den Konfliktparteien hilft, eine einvernehmliche Lösung zu finden.

4. **Interessenbasierte Mediation**: Ein Ansatz, der die zugrunde liegenden Interessen der Konfliktparteien in den Vordergrund stellt, anstatt sich auf starre Positionen zu konzentrieren.

5. **Ich-Botschaften**: Eine Kommunikationsmethode, die es ermöglicht, Gefühle und Bedürfnisse klar auszudrücken, ohne den anderen anzugreifen.

6. **Aktives Zuhören**: Eine Technik, bei der der Zuhörer dem Sprecher volle Aufmerksamkeit

schenkt, um dessen Perspektive und Emotionen zu verstehen.

7. **Brainstorming**: Eine kreative Technik zur Generierung von Ideen und Lösungen, bei der alle Vorschläge akzeptiert werden, ohne sofortige Bewertungen.

8. **Rollenspiel**: Eine Methode, bei der Teilnehmer verschiedene Perspektiven einnehmen, um Empathie und Verständnis zu fördern.

Literaturverzeichnis

1. Moore, C. (2003). *Die Kunst der Mediation.* Verlag.

2. Patterson, K., Grenny, J., McMillan, R., & Switzler, A. (2012). *Crucial Conversations: Tools for Talking When Stakes Are High.* McGraw-Hill.

3. Rosenberg, M. B. (2015). *Nonviolent Communication: A Language of Life.* PuddleDancer Press.

4. Fisher, R., & Ury, W. (1981). *Getting to Yes: Negotiating Agreement Without Giving In.* Penguin Books.

Weiterführende Ressourcen und Links

1. **Mediate.com**: Eine Plattform für Informationen zur Mediation, einschließlich Ressourcen, Artikeln und einem Netzwerk von Mediatoren.www.mediate.com

2. **International Mediation Institute (IMI)**: Bietet Ressourcen und Informationen zur Mediation und Konfliktlösung.www.imimediation.org

3. **Harvard Negotiation Project**: Eine Forschungsinitiative zur Verbesserung von Verhandlungsfähigkeiten und Konfliktlösung.www.pon.harvard.edu

4. **Mindtools**: Eine Website mit zahlreichen Artikeln und Tools zur Entwicklung von Kommunikations- und Konfliktbewältigungsfähigkeiten.www.mindtools.com

5. **LinkedIn Learning**: Bietet zahlreiche Online-Kurse zu Themen wie Konfliktmanagement, Mediation und Kommunikation.www.linkedin.com/learning

Diese Ressourcen sind hilfreich, um das Verständnis für Konfliktmanagement zu vertiefen und praktische Fähigkeiten zu entwickeln, die in verschiedenen Lebensbereichen angewendet werden können.